日本人が知らない世界の黒幕

メディアが報じない真実

馬渕睦夫

SB新書
542

はじめに

今回のアメリカ大統領選挙では、「目に見えない統治機構」（エドワード・バーネイズの『プロパガンダ』）が深い泥沼の奥底から私たちの目に見える形で姿を現しました。目に見えない統治機構こそアメリカの真の支配者で、ディープステートのことです。これまで私たちがディープステートの存在に気づくことができなかったのは、メディアが隠してきたからです。

選挙で地滑り的勝利を収めたトランプ大統領は、ディープステートが仕組んだ前代未聞の不正選挙のために、ホワイトハウスを追われました。このような国家的犯罪がまかり通ったのは、メディアが真実を報じなかったことが大きな理由です。本来このような不正を追及するはずのメディアが、選挙不正を隠蔽する暴挙に出ました。言論の自由の守護神と自他ともに認めてきたメディアが、実は犯罪集団の代理人であったことが暴露されたことで、私たちのメディアに対する信頼は根本から崩れ落ちました。

先に、『知ってはいけない現代史の正体』をSBクリエイティブから上梓（じょうし）して、隠されてきた現代史の真実を明らかにしましたが、本書では歴史の不都合な真実を隠してきた張本人であるメディアの正体に焦点を当てました。最近の報道を取り上げて、彼らのフェイクのパターンを見抜く方法を知っていただくように努めました。

メディアが実は自由で公正な報道機関ではなく、ディープステートのいわば機関紙であることを示す典型的な例が、産経新聞の黒瀬悦成ワシントン支局長の1月22日付の「民主主義陣営の道しるべたれ」と題する署名記事です。バイデン新大統領の就任式演説を伝える内容ですが、これを読んで日本のメディアもディープステートの宣伝係の役割を果たすという本性を現したことを、改めて確信しました。

黒瀬氏はバイデンが就任宣誓した連邦議会議事堂の正面玄関は、「『選挙に不正があった』とするトランプ前大統領の嘘に扇動され、同氏の過激な支持勢力、あるいは選挙の混乱に乗じて米国で内戦を起こそうとする極右勢力といった多数の暴徒に占拠された」。自由を守り抜くアメリカ精神が、トランプが嗾(けしか)けた暴力でかき消されるという前代未聞の事態に対処するため、バイデンは州兵部隊などによる厳戒態勢の中で慣例に従い屋外での就任式を決行し、「公正で開かれた米国の民主的手続きに揺るぎはないことを身をもって示した」。そして、「バイデン氏は、米国の民主主義はいかなる苦境に直面しても決して屈しないという明確なメッセージを米国民、そして強権主義国家に対峙する全世界の民主体制や民主化勢力に送り届けたといえる」とバイデンを手放しで称賛しています。

もし、トランプ氏が嘘をついていると断定するのなら、その根拠を自ら取材して明らかにすべきです。疑惑州の議会で選挙不正に関する公聴会が行われ、宣誓供述した証人が証言しました。また、開票作業場における民主党陣営のトランプ票への妨害行為も監視カメラ映像などで明らかになっています。黒瀬氏がこれらの不正告発などを無視して、一国の大統領を根拠なく嘘つきと決めつけたことは、ジャーナリストの倫理を逸脱していると言われても仕方がないでしょう。いやしくもアメリカ駐在の特派員であるなら、アメリカ社会において嘘つき呼ばわりされることは最大の侮辱であることくらいご存じのはずではありませんか。

臆面もなく、トランプ大統領を誹謗(ひぼう)中傷するフェイクニュースを垂れ流して、恬(てん)として恥じない米主要メディアに倣って、日本のメディアもここまで堕落したのかと考え込まずにはいられない報道でした。公正で民主的な手続きを破壊して「大統領」になったのはバイデンです。バイデン陣営の不正選挙の結果、米国の民主主義は今前代未聞の苦境に直面しています。白を黒、黒を白と嘘をついて、トランプがアメリカの民主主義を破壊したとの洗脳を行った罪は重いと言わざるを得ません。

今回の一連の騒動を通じて、アメリカのみならず日本を含む世界のメディアがディープステートの機関紙的存在であることが明らかになりました。本書では、今後の日本の行く末を考えるうえでの参考とするため、読者の皆様と共にメディアのフェイク報道を検証したいと思います。

令和3年　3月吉日

馬渕睦夫

目次

第2章 米中軍事衝突はあるのか

第1章

米国大統領選の背後には何があったのか

米国大統領選挙

報道されるニュース

無難な穏健派である民主党のジョー・バイデン候補が終始リードする大統領選だった

有権者の投票結果を受けて選ばれる選挙人団の人数538に由来する「ファイブサーティエイト」という統計データサイトは大統領候補の勝利確率の発表で毎回注目されるが、2020年10月下旬時点で、ジョー・バイデン民主党候補の勝利確率を88％、ドナルド・トランプ大統領の勝利確率を12％と予想した。全米および各州で行われる世論調査から分析した結果で、他の団体やマスコミの予想数字も似たようなものとなっていた。

トランプ大統領はアメリカ・ファーストを掲げ、不法移民や中国などを攻撃することで白人ブルーカラー層の支持を得てきたが、過激な発言や政策は無党派層を確保できず、支持基盤を広げることができずにいた。一方、バイデン民主党候補は無難な穏健派で、白人ブルーカラー層を含め、幅広い層から好感を持たれていた。

ニュースの裏側にある世界の真相

2020年大統領選は、歴史に繰り返し現れる革命運動の典型だった

11月3日の大統領選投票、そして、その後の数日間にわたる開票以降、毎日のように不正選挙に関する報道と情報がネット上に渦巻いたが、なぜかマスコミは不正はなかったと決めつけ、バイデン勝利を早々に宣言していた。2020年大統領選とは何だったのか、その本質を考えることの方が重要だ。

ネットが報じる不正においては、中国共産党が関わったことになっているが、常識的に考えて、中国共産党だけでこれだけのことができるはずはない。また、同様に、民主党のバイデン陣営の力だけでできるはずもない。そこには、すでに複数の識者から、主たるアクターであるディープステートという首謀者の存在を指摘されている。

ディープステートが2020年大統領選で行ったことは何だったのか。歴史に繰り返される悪のパターンは事実上、常に同じである。ロシア革命、ケネディ大統領暗殺、そして南北戦争、それに先立つアンドリュー・ジャクソンの暗殺未遂事件を通して、2020年大統領選で起きた出来事の本質が見えてくる。

始まる、トランプの復権

2021年の1月19日、退任の前日にドナルド・トランプ大統領はアメリカ国民に向けてフェアウェルスピーチ、つまり別れのスピーチを行いました。トランプが大統領としてどのような気持ちでアメリカを率いてきたか、そしてまた、トランプがどのような哲学を持っているのか、それが見事に表れている内容でした。私は、リンカーン大統領の歴史的なゲティスバーグ演説と並んでアメリカ人の心に残る名演説だったと思っています。

トランプ大統領はスピーチを次のように締めくくりました。

「私たちが起こした新しい運動は今始まったばかりです。国家が市民に奉仕するという信念は、衰えるどころか日々益々強くなっていくばかりです。私たちが国家への深く献身的な愛情を持ち続ける限り、アメリカが成し遂げられないものは何もありません。私たちの未来はこれまでにも増して輝くでしょう。忠誠心と喜びにあふれた心、楽観的な精神、そしてわが国と子供たちにとって最良の時代はこれから訪れるという至高の信念をもって、この崇高な場所を立ち去ります」

右翼でも左翼でもなく、共和党でも民主党、その他特定の利害関係者のためでもなく、アメリカという国家の善のために働いてきた、それがまさに市民に奉仕するという原則なのだというトランプ大統領の哲学がひしひしと伝わるスピーチでした。このスピーチを聞いて奮い立たないアメリカ人はいないでしょう。そして、この原則こそが、アメリカ・ファーストということでした。

私はこのスピーチを聞き、トランプがなぜアメリカ・ファーストをスローガンとしたのか、あらためて合点がいきました。大統領を目指した動機を、前半生でアメリカが自分に与えてくれた恩義に報いたいからだ、と明らかにしたのです。だからこそ、自分は大統領としてあえて困難な道を選んだ、と強調しました。

トランプの政策は残念ながらアメリカのメディアと民主党によって歪められ、いかにもアメリカを分断する政策を行ってきたかのように貶（おとし）められました。日本のメディアにおいてもそうした評価ばかりが続きましたし、フェアウェルスピーチにしても、ほとんどのメディアは自画自賛に終始したという否定的な論調で報道しました。

トランプの政策は国民の利益を第一としたために既得権益者からの反発も大きいものでした。任期を何事もなく全うするだけならばこの既得権益者、つまりアメリカを裏で支配するディープステートと妥協する道はあったでしょう。しかし、トランプはあえてその道を選ぶことなく、アメリカ国民の幸福追求に努め、アメリカ・ファーストを貫き、そして今も引き続きその信念に基づいて、新しい政治運動を進めているのです。

この信念は2月28日に行われたCPAC（アメリカ保守政治行動会議）会合でのスピーチに良く表れています。トランプ氏は熱狂的な聴衆に対し、「共和党による政権奪還と、公正な選挙を保証するための選挙制度の改革」を力強く訴えました。トランプ氏は退任後も共和党のリーダーとして「アメリカの澱(よど)んだ沼の水」を抜くために政治活動を続けることをあらためて鮮明にしたのです。

アメリカの金融、司法、メディアを牛耳る存在

ここで、ディープステートとは何か、簡単におさらいしておきましょう。

2018年9月、アメリカ中間選挙のキャンペーン中、トランプ大統領（当時）がモンタナ州ビリングスの共和党候補応援スピーチの中で、「選挙で選ばれてもいないディープステートの官僚群たちが自らの秘密の課題を推進するために有権者に逆らうことは、民主主義そのものにとって脅威である」と述べました。つまり、ディープステートはアメリカ

を動かしている本当の黒幕勢力であり、トランプは、そういったディープステートの存在を公言した画期的な大統領でした。

１９１２年、ウォール街のユダヤ系金融資本家たちがキングメーカーとなりウッドロー・ウィルソンを大統領にし、翌年、ドル発行権を独占する中央銀行ＦＲＢが創設されます。金融資本家たちはＦＲＢの株主となり、アメリカの金融を牛耳ります。ディープステートの原点です。ディープステートはまた、息のかかった判事を最高裁に送り込み、司法を牛耳ります。金融資本家たちはさらにはメディアを買収して牛耳ります。

ディープステートの思想的なバックグラウンドは、リベラル思想＝社会主義的なユダヤ思想です。ディープステートがアメリカの少数民族であるユダヤ系左派で構成されているということはすでによく知られています。第39代大統領ジミー・カーター政権下で国家安全保障問題担当大統領補佐官を務めたズビグニュー・カジミエシュ・ブレジンスキーという国際政治学者が自著『ＴＨＥ ＣＨＯＩＣＥ』（２００４年、邦題・孤独な帝国アメリカ）の中で、「アメリカはすでにＷＡＳＰが指導的地位にいる国ではなく、ユダヤ社会がアメリカのエリートであり、エスタブリッシュメント（国家を代表する支配階級）である」と述べています。ブレジンスキーはポーランド系のユダヤ人であり、ユダヤ人の立場からユダヤ社会の立ち位置を堂々と公表しました。

アメリカの金融は100年前からユダヤ系に握られています。今回の大統領選挙の裏で反トランプ運動を演出したと言われる大富豪のジョージ・ソロスはハンガリー系のユダヤ人です。CIAも司法省もFBIもディープステートの影響下にあり、ニューヨークの弁護士には圧倒的にユダヤ系が多いというのも、私自身がニューヨーク勤務で経験したことでもあり、有名な話です。

良い悪いではありません。動かせない事実として、左派グローバリストを中核とするユダヤ社会のディープステートがアメリカを牛耳っているということを私たちは知っておく必要があるのです。

戒厳令を敷かなかったトランプ

2020年12月24日、アメリカの週刊誌「ニューズウィーク」が、「Exclusive」(独占)として、「Donald Trump's Martial-Law Talk Has Military on Red Alert (トランプは戒厳令もやりかねない――警戒強める国防総省と米軍幹部)」という記事を報道しました。

民間人時代のロシア外交介入の疑惑を受けて国家安全保障問題担当大統領補佐官を辞任し、前月にトランプから恩赦を受けていたマイケル・フリンが保守派メディアの番組の中で戒厳令に言及し、大統領は軍を使って投票箱を押収し、一部の州で選挙をやり直すべきだと語りました。トランプ大統領は、ただちにツイッターで戒厳令はフェイクニュースである、と否定しましたが、ニューズウィークは、大統領選の結果を覆すために２０２１年１月20日の大統領就任式まではどんな命令があるかわからず、首都ワシントンを管轄する軍司令部ではその時のための秘密の対応策がつくられている、と伝えています。ニューズウィークはアメリカの左翼系メディアの代表として知られている、ニューヨークに本部を置く週刊誌です。

権力にしがみついていたいという思いがトランプ大統領にあるなら、戒厳令という選択もあったかもしれません。確かに大統領にはその権限がありますし、それを正当化できるだけの大規模な不正選挙の証拠も握っていたと考えられます。

しかし、それをしなかったのは、戒厳令を発布すれば、内乱が起こる可能性があったからです。後に詳しく触れますがＡＮＴＩＦＡやＢＬＭといった左翼系過激グループはむしろ、内乱による武装蜂起の口実となる戒厳令を望んでいたかもしれません。そうなれば、アメリカ国民が長期にわたって暴力の犠牲となる可能性がありました。トランプはそれを避け、今後のアメリカ国民の覚醒に賭けたのです。それはまた、アメリカ国民への信頼のなせる業でもありました。

トランプはフェアウェルスピーチの中で、人々が沿道で星条旗の小旗を振って歓迎してくれるたび、これは自分を声援してくれているだけではない、アメリカという国家に対する愛の表れだということを強く感じたと述べています。トランプは自国に対するアメリカ国民の愛と賛美を信じるからこそ、凛（りん）としてホワイトハウスを去ることができたのだと感じました。

実は黒人からの支持を伸ばしていたドナルド・トランプ

私は日頃から、世論調査というのは最初からフェイクだというお話をしています。すでに述べたように、ディープステートはアメリカの金融、司法、メディアを牛耳っています。メディアはもちろん、世論調査会社も、そのメインストリームはディープステートの傘下にあります。

つまり、彼らの都合の良いように調査結果をつくることができる、ということです。サンプルつまり調査対象を恣意的に選ぶということもありますが、もうひとつ重要なのは、知米派の識者がよく指摘するように、トランプ支持者は、自らそうとは言わない傾向があるということです。場合によっては、トランプを支持すると言うことによって危害が及ぶこともあるからです。これは決しておおげさなことではなく、今、アメリカの左翼は暴力的に先鋭化しています。民主社会のお手本だとされてきたアメリカの民主主義は実はすでに終わっているのだ、ということも知っておいた方がよいでしょう。

トランプ大統領に対する黒人の支持は、就任当初、多くの識者が言うように高いものではありませんでした。黒人全体の9％程度の支持でした。それが、2020年の時点で20～30％程度がトランプ支持に回っていました。トランプの集会に黒人の参加者が目立って多いことを見ても歴然でした。これは、アメリカの政治構造に取ってたいへん大きなターニングポイントです。

トランプは、過去最低の5・4％（2019年8月時点）という黒人失業率を実現した大統領でした。実際に恩恵を受けたわけですから、黒人がトランプ支持に回るのは当然でしょう。

従来、黒人の9割は民主党支持だとされていました。しかし、トランプ政権によって大きく黒人失業率が改善されたことからもわかるように、民主党は、黒人層の雇用環境を改善しようとはしませんでした。黒人を貧困層に留め置き、逆に不満を維持することで民主党の支持基盤を固めてきたのです。

黒人は民主党に利用されているだけでした。民主党は決して黒人に優しい政党ではないということが、トランプ大統領の登場によってバレてしまった、ということでもありました。

ロシア革命同等のクーデターだった2020年大統領選

バイデン候補が僅差で勝ったなどという話ではなく、2020年大統領選は、選挙で大敗を覚悟していた陣営が、大勝していたトランプ大統領をクーデターによって引きずり降ろした革命運動だった、と私は考えています。その後、明らかになったように、共和党の重鎮の中からもクーデターに与（くみ）する人が次から次へと出てきました。最高裁判所ですら、選挙不正にかかわる訴訟を門前払いして、間接的にクーデターを支えました。また、司法省やＦＢＩは選挙不正を捜査・訴追せず、ＣＩＡに至っては選挙不正に直接関与した疑いが取り沙汰されているほどです。このように、国家の中枢までをも巻き込んだクーデターであるということの本質をよく表しています。

　不正選挙が行われたのであれば、その中心的な役割を果たした人たちは、いわばロシア革命における革命家、暴力革命を実行した人たちに相当すると言っても過言ではないでしょう。つまり、民主党の連邦議員、民主党系の各州知事あるいは州議会の議員、共和党の一部の重鎮までも含めて、彼らは権力奪取のためなら非合法選挙も辞さない革命家であるということになります。

　選挙結果に影響しない程度の不正はあった、どれくらいの得票差でどちらが選挙に勝ったのか負けたのか、そういう次元の問題ではありません。これは革命でありクーデターであるということを前提に議論しなければ、今回の大統領選とそれにまつわる騒動とは何なのか、全くわからなくなります。多くのメディアが報じているような、トランプ大統領は追い詰められているとか、往生際が悪いとか、共和党の重鎮までがトランプに引導を渡したとか、そういったメディアが立てた論点だけの議論で終わってしまえば、全く本質を見ない議論ということになってしまいます。

十月革命とも呼ばれますが、1917年10月（旧暦）に、レーニン率いる極左政党ボリシェヴィキが暴力によって政権を奪取したのがロシア革命です。アメリカのウォール街やイギリスのシティなどの金融資本家が支援しました。つまり、いわゆるディープステートが革命家を支援した結果、ロシア革命は成就したのです。

そして、ディープステートが各界・各地に張り巡らしたエージェントを一斉に蜂起させたのが2020年の大統領選挙でした。バイデンを勝たせるための選挙ではありません。トランプからアメリカを取り返すために、残念ながらバイデンは使われただけだと私には思えます。

オバマ政権の時代まで、ディープステートは実質的にアメリカを支配していました。つまり、すでにアメリカを乗っ取っていたわけですが、2017年のトランプ大統領就任によって彼らの支配が揺らぐことになりました。トランプ大統領に2期目4年間を務められてしまえば、いよいよ彼らの利権は失われてしまいます。大統領選を動かしたのは、彼らの利益の源泉が奪われ、アメリカ国家の中枢を操ってきた自由が奪われ、世界的に展開してきたグローバル市場化もまた成り立たなくなるという差し迫った危機感です。

政権奪取というこれだけのクーデターを行うためには、情報機関のＣＩＡや捜査当局の

ＦＢＩや警察当局など枢要な国家機関を巻き込み、その力を動員しなければなりません。ＦＢＩが事実上、不正追及に乗り出していないのはその影響でしょう。トランプ政権下でＦＢＩを束ねていたウィリアム・バー司法長官が12月23日に辞任しました。バー司法長官はトランプの側近中の側近と見られていた人ですが、不正選挙を裏付ける証拠を司法省は発見できていない、とコメントして注目されていました。

これらは、国家の中枢の相当部分が反トランプ陣営（ディープステート）に属しているということを意味しています。トランプの側近のうちの何人かは、実は反トランプ陣営から送られたエージェントだったということも少しずつ明らかになってきています。彼らはトランプ大統領が指摘していたディープステートの官僚群です。トランプ大統領は、国家ぐるみで潰されたのです。

ケネディ大統領暗殺事件とトランプの追放

いわゆる国家ぐるみの犯罪ということを考える時には、１９６３年11月22日、テキサス州ダラスで起きたケネディ大統領暗殺事件が参考になります。２０２０年大統領選は、選挙という機会に非合法な手段を使ってまでもトランプ大統領の政治的生命を止める、というものでしたから、事実上、暗殺に近いものがあります。

政治的な暗殺を行うには、どうしても国家機関、特に情報機関、捜査機関、治安機関、裁判所を巻き込まなければ成功しません。たとえば中国共産党がアメリカの何者かを排除したいと考えたとします。中国共産党がいかにアメリカに影響力を持っていたとしても、それだけではできません。つまり、チャイナマネーやハニートラップだけでは暗殺は無理です。ＣＩＡを抱き込み、ＦＢＩを抱き込み、実行現場においては警察当局を巻き込む必巻き込む必要があります。司法の中にはもちろん、裁判所も入っているわけですが、不正選挙報道を目にしていてアメリカの裁判所の動きが何か鈍い、と感じている方は多いと思います。これは、国家の中枢が麻痺する一歩手前です。今のアメリカは、国家の中枢が本来果たすべき役割を果たさなくなっているという状況にあるように見えます。

ケネディ大統領は白昼、パレードの途上で暗殺されました。このような大胆不敵な犯行は、ＣＩＡやＦＢＩを抱き込まないとできないことです。残された映像を見れば明らかですが、銃弾は数箇所から撃たれています。逮捕されたリー・ハーヴェイ・オズワルドの単独犯のはずがありません。また、オズワルドは警察署内で口封じのために射殺されました。

警察当局が協力していなければできない相談です。

２０２１年1月6日には、トランプ大統領が扇動したとされる合衆国議会議事堂襲撃事件が発生しました。ケネディ大統領の事件を、トランプを潰そうとする大統領選をめぐる状況に投射してみれば、大統領選をめぐる一連の出来事は、やはり情報機関、捜査機関、治安機関を巻き込んで行われているということが歴史的にわかるのです。

それぞれの細かい事実の真偽も重要ですが、常々お話ししている通り、私は、公開情報から現在起こっていることを判断しています。結果から類推すれば、ほとんどの真相がわかります。起こっていることの真相は、歴史も含めた公開情報で判断すれば突き止めることができるのです。

ウォーレン報告書と呼ばれていますが、ケネディ大統領暗殺事件の捜査の全報告書は２０３９年に公開されることになっています。報告書が作成されたのは１９６４年ですから、その公開まで75年間かかる、つまり、75年後にしか公開できない、という事実だけをもってしても、ケネディ大統領暗殺事件がいかに深い闇を持つ複雑な事件であったかということがわかります。２０３９年に正式に公開情報となるウォーレン報告書をもって、その真相が初めて公式に明らかになるでしょう。

南北戦争と大統領選という内乱

アメリカで今起こっていることは内乱であり、分断です。実質上、1861年から1865年にかけて起こった南北戦争に類する内戦が起こっていると指摘する識者が少なくありません。南北戦争とは、北部のアメリカ合衆国と、合衆国から分離した南部のアメリカ連合国の間で行われた戦争です。

2020年12月8日、テキサス州が、選挙手続きに不当な変更を加えたのは他州との平等な扱いに反する憲法違反であるとしてジョージア、ミシガン、ペンシルベニア、ウィスコンシンの4州に対する訴訟を連邦最高裁に起こすという出来事がありました。このことひとつをとってみても、事実上、第二の南北戦争が起こっているということがわかります。北と南というふうに明確には分かれていませんが、要するにトランプ派と反トランプ派、さらに言えば、自由と民主主義を求める勢力と、従来のディープステートの支配に甘んじようとする勢力との戦いと見ることができるでしょう。

一般的に、南北戦争は、リンカーン大統領を指導者とする北部とリー将軍などが率いた南部との、奴隷制の廃止・存続をめぐる戦争だとされています。しかし、これは歴史の歪曲です。

南北戦争を仕組んだのは、当時のイギリスでした。当時、アメリカの北部は工業化していました。一方、南部は綿花生産を中心とした、いわゆる農業国でした。こうした状況から生まれていた北部諸州と南部諸州との間の経済的格差にイギリスは目をつけました。19世紀中盤において、強国化していくアメリカ合衆国はイギリスの世界覇権を脅かす存在だったのです。アメリカを弱体化する必要がありました。

イギリスの当時の首相は、ロンドン・シティの国際金融資本家と関係の深いユダヤ系のディズレーリで、狡猾な外交で知られていました。アメリカの国力を弱めるために、いちばんいい方法はアメリカを分裂させることです。

イギリスはまず南部に工作しました。北部から経済的に搾取されているので南部は離脱した方がよい、という甘言を弄します。南部諸州はアメリカ連邦からの離脱を開始します。離脱を阻止するために北部は戦争を開始します。イギリスが意図した通りの流れでした。

次にイギリスが行ったのは戦費の融資です。北部に対しても南部に対してもお金を貸そうとしていました。経済的に弱体化していた南部は融資を受けざるをえませんでした。イギリス、はっきりと言えば、ロンドン・シティからお金を借りて戦争を行ったのです。その時の利率は、高いものでは30%と言われています。

イギリスは北部にも同様に融資の申し出をしましたが、リンカーン大統領は拒否します。リンカーンは自前の通貨を発行して戦費を調達しました。これが、現在のアメリカ・ドルの元です。リンカーン政権の政府紙幣は裏が緑色に印刷されていました。ドル紙幣が「グリーンバック」と呼ばれるゆえんです。

北部は、ロンドン・シティの融資を断り、政府の信頼の元に通貨を発行して戦い、南北戦争に勝利します。しかし、リンカーン大統領はワシントンD.C.で暗殺されました。南部のリー将軍が降伏して数日後の出来事でした。

イギリスが南北戦争をけしかけ、南北両方にお金を貸そうとしたが南部にしか融資できず、お金を借りなかったどころか自前の通貨を発行したリンカーン大統領を暗殺した。これが南北戦争の真相です。南北戦争は奴隷制をめぐる北部と南部の戦いであったとして、歴史の真相は闇から闇に葬られてきたというわけです。

南北戦争はイギリスという外国に使嗾(しそう)、つまりそそのかされて起きたアメリカの内乱でした。大統領選にまつわる騒動には中国共産党の介入が噂されていますが、今回もまた外部の介入によって内戦状態に入っていると言うこともできます。歴史的に見た場合、外国の干渉によってアメリカが分断されつつある、これはやはり第二の南北戦争です。

実は南北戦争にはもうひとりの重要なプレーヤーがいました。ロシアです。当時のロシア帝国皇帝アレクサンドル2世は北部を支持しました。南部との軍事的な衝突には至りませんでしたが、サンフランシスコとニューヨークにロシア艦隊を派遣し、デモンストレーションを行っています。

鍵を握ると言うと語弊があるかもしれませんが、今回の大統領戦においては、あまり議論されてきてはいないものの、ロシアのプーチン大統領の動向に注目すべきだろうと思います。トランプ大統領とプーチン大統領は愛国者であるという点でとても馬の合う間柄です。今のところプーチン大統領は、明確にはトランプ支持の姿勢は表明していません。報道によれば、12月15日に、各州の選挙人投票で過半数を得たバイデン次期大統領に勝利を祝福するメッセージを送った、ということになっていますが、他の世界の指導者に比べてかなり時間的に遅れたものでした。

プーチン大統領はおそらく、今、アメリカで起こっていることの内実をよく理解しているのだろうと思います。プーチン大統領がバイデン政権に対して今後どのような態度に出るかということが、今後の世界情勢の帰趨(きすう)を決するうえで大きな役割を果たすことになるでしょう。南北戦争が北部の勝利に終わって分裂が阻止された背景には、リンカーン大統領に対するロシア帝国皇帝アレクサンドル2世の協力があったということは覚えておいていい歴史的事実ではないかと思います。

第7代大統領アンドリュー・ジャクソンとトランプ

ドナルド・トランプはホワイトハウスの大統領執務室に第7代大統領アンドリュー・ジャクソンの肖像画を飾っていました。ジャクソン大統領は19世紀前半のアメリカ、1829年から1837年の8年間を務めた大統領です。

メディアは、トランプのジャクソン観を面白おかしく伝えることに終始していました。決闘好きだったなどジャクソン大統領はきわめて粗野で粗暴な人柄だったということになっており、そういうところに共通点を感じて肖像画を飾っているのだろう、などという記事もありました。

もちろんトランプがジャクソン大統領を信奉している理由はそういうところにはありません。ジャクソン大統領は命をかけてまでアメリカ国民の利益を守った大統領でした。公にはされていませんが、トランプは、そういったジャクソン大統領を信奉していたのだと思います。

ジャクソン大統領にとっての最大の政治的課題に、中央銀行の継続問題がありました。当時の名称は第二合衆国銀行です。中央銀行とは、簡単に言えば通貨を発行する銀行です。19世紀前半当時、第二合衆国銀行の株はロンドン・シティやウォール街の金融資本家が80%を持ち、政府の持ち株は20%に過ぎませんでした。そして、第二合衆国銀行の運営許可期限が１８３６年、つまりジャクソン大統領の任期期限一年前に迫ってきていました。

ジャクソン大統領は、連邦議会が認めていた第二合衆国銀行の許可更新を拒否します。第二合衆国銀行は大部分の株を外国の金融資本家が持つ、つまり、外国の金融資本家に支配される通貨発行銀行でした。そういうものはアメリカ国民のためにならないとして、ジャクソン大統領はこの銀行の存続を最後の最後まで拒否したわけです。

１８３５年1月30日、ジャクソン大統領は国会議事堂を出たところで命を狙われました。アメリカ史上初の大統領暗殺未遂事件です。ジャクソン大統領に向けられたピストルは不発に終わりました。

ジャクソン大統領の暗殺が未遂に終わったのは、まさに神のご加護とも言うべきものでしょう。民間が主導権を持つ中央銀行は、1836年をもって存在しなくなりました。しかし、こうした、民間が主導権を持つ中央銀行が1913年、第28代大統領ウッドロー・ウィルソンの政権下で復活します。現在も存続しているFRBです。和訳は、連邦準備制度理事会です。はっきり言えば、このFRBは、第二合衆国銀行よりもさらにひどい、アメリカ国民のために全くならない銀行です。

この中央銀行たるFRBは、その株の100%を民間の金融資本家（ロンドン・シティとウオール街）が持つ民間銀行です。現在のドルは、民間銀行が発行しているのだということは知っておくべきでしょう。

ドナルド・トランプが正面からそう言ったことはありませんが、FRBはアメリカ・ファーストの銀行ではありません。

金融資本家たちの支配を受けているのですから、アメリカ国民のための銀行ではないわけです。アメリカ政府はFRBに国債をあずけてドルを発行してもらいます。つまり、利子を払っているわけです。アメリカ国民は、手にしているドル札が、政府が利子を払って入手したものだとは思っていないでしょう。アメリカ国民のための中央銀行ではないことは明らかです。

ケネディ大統領が暗殺された最大の理由は、政府通貨を発行したためです。遡ってリンカーン大統領が暗殺されたのも、南北統一をなしたことも理由のひとつですが、戦費を賄うのに政府通貨を発行したことが最大の理由です。

ジャクソン、リンカーン、ケネディの3人の大統領は一点で結びつきます。命の危険を顧みず民間主導の通貨発行銀行・第二合衆国銀行を廃止したジャクソン、政府通貨を発行したために暗殺されたリンカーンとケネディ。トランプ大統領がジャクソン大統領の肖像画を執務室に飾っていた理由は、歴史的におわかりいただけるのではないかと思います。

トランプが掲げたアメリカ・ファースト、アメリカ国民の手にアメリカの政治を取り戻すということの究極的な意味は、アメリカのドルはアメリカのピープルが発行すべきだということだろうと思います。ドルの発行権を政府に取り戻す、ということです。

このことをトランプは明確に言ったことはありません。したがってあくまでも私の推測ということになるのですが、ジャクソン、リンカーン、ケネディの3人の大統領の功績と苦難を歴史的に振り返ってみた時に初めて、トランプがなぜこれほどまでディープステートに追い詰められているのかということが理解できるのではないでしょうか。

通貨発行は、ディープステートの権益のよって立つ最後の砦であり、一般人からはまったく隠されている、彼らの最大の特権です。それがトランプによって排除されようとしていました。トランプを大統領の地位から引きずり下ろすためには、暗殺という非常手段を除けば、今回の大統領選で落選させる以外にないと判断されたのでしょう。

黒人差別抗議デモ

報道されるニュース

アメリカの警察官は、黒人コミュニティーへの暴力を繰り返してきた

黒人差別に抗議するBLM（ブラック・ライブズ・マター）運動がアメリカで始まったのは2013年。しかし黒人に対する警察の暴力行為は後を絶たず、2020年6月、とりわけ大きな広がりを見せた。

アメリカ各地で展開されたデモの規模の大きさは、第45代大統領ドナルド・トランプの独断的な政策でアメリカの理念自体が揺らぐ中、多くの人々が深刻な危機感を抱いている証拠だと言えるだろう。

これは対岸の火事ではない。アメリカで起きていることを、日本で暮らす外国人やマイノリティーに対する差別の問題として考えることが重要だ。

黒人差別抗議運動には、ロシア革命と同根の暴力革命の側面がある

ＢＬＭをはじめとする黒人差別抗議運動は、トランプ政権を敵視する勢力の、トランプ降ろしの戦略変更を物語るものだった。非合法的な手段まで取り入れる、という変更である。

トランプ自身がディープステートと呼んだ敵対勢力は、トランプ就任当時からフェイクニュースによるメディア操作およびロシアゲートをはじめとする司法操作など、限りなく怪しいものではあるが、いわゆる合法的手段でトランプ降ろしを画策し続けた。しかし効果は出ずにいた。

大統領選を間近に控え、残された道として、非合法な暴力をもってしてでもトランプ大統領を失脚させるために起こしたのが、黒人差別抗議を掲げた暴力的デモ運動である。

ＢＬＭ運動の背後に常に存在し、抗議運動の流れからシアトルに自治区設置宣言を行って話題になったＡＮＴＩＦＡは暴力革命勢力であり、その根はロシア革命に遡ることができる。人種差別デモは、アメリカにおける一種の内乱である。

ANTIFAは「反ファシスト」という意味だが、ファシストという言葉には注意が必要だ。ドイツ、イタリアにファシズムが台頭すると、ソ連のスターリンは、共産党にとってファシズムは最もひどい政治体制だとレッテルを貼り、1935年のコミンテルン第7回大会で「反ファシズム統一戦線」を掲げイギリス、フランスに接近した。ANTIFAはこの流れの中にある運動である。

賛美されたデモ隊の占拠

BLM運動は、2020年5月にミネソタ州のミネアポリスで黒人男性を白人警官が死に至らしめた事件をきっかけとして起こりました。日本のメディアでBLMは「黒人の命は大切」などと訳され、アメリカの人種差別問題を中心に、いかにアメリカの警察官が黒人コミュニティーへの暴力を繰り返してきたか、という問題として取り上げられました。

この運動の流れから、6月8日、西部のワシントン州のシアトル市の一区画をデモ隊が占拠し、自治区の設立を宣言しました。キャピトルヒル自治区と呼ばれています。占拠したのは、ANTIFAの戦闘員です。トランプがツイッターで、名指しで「Terrorist Organization（テロ組織）」と批判した集団です。

自治区と言うと聞こえは中立的ですが、これは解放区のことです。昔、共産主義者が盛んに世界各地で村や町を占領して解放区というものをつくりました。中央政府の権力が及ばない地域です。7月1日に退去させられるまでの3週間でしたが、これがアメリカのシアトル市にできました。

日本ではこのシアトル市占拠についてはほとんど報道されませんでした。私が驚いたのは、アメリカのメディアがシアトル市の占拠と自治区宣言を絶賛していたことです。アメリカのメディアは今、死んだどころかゾンビとなって暴れまくっていると言っていいでしょう。

私はアメリカにいたことがありますので、経験上、人種に対する差別的な感情がアメリカ社会に根深くあることも理解しています。黒人差別反対デモには一定の必然性はあるものの、2020年に起こった運動は、いつのまにか、反トランプの暴力デモに完全に転化しました。トランプのコロナ対策は間違っているというところから始まり、何でもかんでもトランプ反対、トランプ降ろしへと、しかも過激な方法をもって向かっていったのが2

020年の大統領選前夜の状況でした。

ANTIFAは暴力革命集団です。「ANTI-Fascists」の略で、訳せば「反ファシスト」となりますが、そのシンボルマークである赤と黒の2つの旗は共産主義と無政府主義を表しています。シアトルの解放区はこの暴力革命集団が一方的に占拠したものですが、問題はシアトルの市長が、事実上、その解放区を認めていたということです。手を出さないように警察に命令を出していました。

ジェニー・ダーカンというシアトル市長も、ジェイ・インズリーというワシントン州知事も民主党です。トランプを引きずり下ろすためには何をやってもいいというディープステートの意向を踏まえて行動したと言われても仕方がないでしょう。

アメリカに育つ暴力革命集団

アメリカで、なぜANTIFAという暴力革命集団が生まれたのでしょうか。いろいろと調べていくと、ANTIFAを育てたのは、政治運動家としても知られる投資家ジョージ・ソロスだということがわかります。

ＢＬＭを育てたのもジョージ・ソロスです。ソロスが創設したオープン・ソサエティ財団は２０２０年7月、ＡＮＴＩＦＡやＢＬＭをはじめとする「Racial Equality（人種的平等）」運動推進のためとして、２億２０００万ドルを投入するとも発表しました。

ジョージ・ソロスは大富豪ではありますが、左派といっていいでしょう。アメリカのウォール街を活動拠点とする大富豪は、グローバリストであるがゆえに左派なのです。ソロスは、「東欧カラー革命」や「アラブの春」をはじめ世界中の反政府抗議運動を支援してきている人物だとされています。

つまり、ジョージ・ソロスのような、いわばアメリカの繁栄を象徴する大富豪が、実はアメリカを壊そうとする暴力革命集団を育てているのです。二律背反と言いますか、二頭立てと言いますか、ここにこそ世界の真実を理解するための大きなカギがあることを知っておいていただきたいと思います。

ただし、暴力革命集団への援助はなにもジョージ・ソロスが始めたことではありません。１９１７年のロシア革命にまで遡ります。

通説によれば、ロシア革命は、時の皇帝ニコライ二世の圧政に苦しむロシア人が蜂起して帝政を倒した、という革命です。そうではありません。国外に亡命していたユダヤ人革命家が欧米の国際金融勢力から投資を仰ぎ、少数民族であるユダヤ人を解放するために起こした革命です。

金融資本家たちの投資は成功しました。ロシア革命政府は、ロマノフ王朝の莫大な資産を投資家たちに還元し、共産主義の教義にある私有財産禁止にのっとってロシア民衆から没収した金（ゴールド）を革命に費やした負債の返済に充てました。

ＡＮＴＩＦＡは、いわばロシア革命の実行部隊ボリシェヴィキです。暴力革命集団という意味では、文化大革命の時に毛沢東が動員した近衛兵、また、今ではあまりメディアにも登場しなくなりましたがイスラム教の超過激派集団ＩＳに通じるところがあります。

ボリシェヴィキも紅衛兵もＩＳもＡＮＴＩＦＡも根はひとつです。紅衛兵については少々注釈が必要ですが、こういった過激暴力集団を育ててきたのはアメリカの大富豪なのです。

内乱は権力奪取のチャンス

こうした歴史の真実は、最近になってようやく日の目を見ました。金融資本家と国際情勢との関係に関する本は20世紀の早い段階で出ていたのですが世界に流布されることはなかったのです。昔も今も出版業界を押さえているのはディープステートです。ディープステートが自分に不利になるような本を世界に広めるはずはありません。

ディープステートに関する本はいまだにほとんど流通していません。ある反ディープステートの典型的な本を入手しようと思い、Ａｍａｚｏｎで探したのですが見つからなかったことがあります。題名、著者名、いつ出版されたかまでわかっているにもかかわらずです。

そうしたことを平気で行う人たちが言論の自由あるいは報道の自由を標榜しているということです。言論の自由を弾圧している人が、言論の自由を声高に主張しています。

戦争を考えている人が、平和を唱えるのです。昔から変わることがないのですが、共産主義あるいは社会主義運動は、いつも平和を唱えるところから始まります。反戦平和を唱えながら、実際は、戦争に導いていきます。

戦争に導くのは、国を疲弊させるためです。国の疲弊は内乱状況をもたらします。レーニンは、最も効率の良い革命の指南として、「戦争から内乱へ」という有名な言葉を残しました。国内が内乱状況になるということは、自分たちが権力を握るチャンスが生まれるということです。

コロナ禍以前、アメリカは好景気にありました。トランプ再選は揺るがないだろうと言われていました。コロナ禍に対してアメリカは都市封鎖を行いました。続けていけば、アメリカ経済は確実に弱体化します。コロナ騒動をなんとか反トランプ運動に利用しようというのがディープステートの戦略でした。そこに、たまたま起こったのかそうでないのかはともかく、人種差別抗議運動が起こりました。非常に破壊的で暴力的な抗議運動が各地で展開されました。

2020年のアメリカで起きたのは、まさに内乱でした。つまり、シアトル市の自治区宣言に見られる通り、人種差別抗議運動の一部は明らかに、アメリカにおけるマイノリティー（少数者）が権力を奪取しようとして起こしたものです。

排除される大統領の共通点

トランプ大統領以前、オバマ大統領の時代まで、基本的にアメリカの政治はディープステートが牛耳っていました。歴代の大統領は多かれ少なかれディープステートが敷いた路線を歩んでいました。

それに反する大統領は排除されました。前述したようにケネディ大統領は暗殺されました。ニクソン大統領はウォーターゲート事件で引きずり降ろされました。レーガン大統領には暗殺未遂事件がありました。この3人の大統領は、ディープステートの核心的利益の存亡に関わる部分に触れたのです。

ケネディ大統領は「銀」兌換の政府通貨を発行しました。リンカーンが発行した法定通貨を無力化するために国際金融資本家たちは工作を重ねて「金」本位制に持ち込んだのです。アメリカ政府に銀兌換券を発行されては金を大量に保有する彼らの支配力は失われます。ケネディの通貨は何としてでも発行停止させなければなりませんでした。

ニクソン大統領は国際金融の中心であるイギリスのシティのアメリカにおける代理人企業に対して税務調査をはじめていました。アメリカにおけるシティの脱税にメスを入れ始めたのです。レーガン大統領は「FRBはなぜ必要なのか」という根本的な疑念を抱いていた大統領でした。

トランプは、ディープステートの存在自体に対する敵視を演説で公言した大統領でした。民主党支持者の間では一時期、ニューヨーク州知事のアンドリュー・クオモを2024年に大統領へ、などというスローガンが叫ばれていました。しかし、ディープステートは、２０２４年までは待てません。２０２０年から２０２４年までの４年間が彼らにとっては重要でした。

なぜならトランプ大統領によって、ディープステートの利権構造というものが、相当な部分、暴かれてきていたからです。アメリカの国民は、薄々は知っていました。しかし、口に出して言えなかったわけです。そのタブーを解きつつあるのがトランプ大統領でした。

ディープステートにとって、これはアメリカ支配の終焉を意味します。アメリカ支配が終わるということは、世界支配が終わるということです。マネーと情報を牛耳ることで維持してきた世界支配がトランプ大統領の出現で、壊れはじめていました。

こうした世界の仕組みの流れに、日本は事実上、気がついていません。いまだにアメリカのディープステートの意向に従い、日本をさらに世界に開くグローバル政策、いわば日本解体政策を追求しています。私たち日本人は、２０２０年にアメリカに起こった出来事を正確に理解することが必要でしょう。

第2章

米中軍事衝突はあるのか

米中貿易戦争

報道されるニュース

対中貿易赤字にアメリカは保護主義で対抗。中国対アメリカの、経済制裁による報復合戦となっている

2017年、アメリカの対中貿易赤字は約3700億米ドルにのぼり、貿易赤字額全体の5割近くを占める規模となった。中国からの輸出増加がアメリカ国内の産業衰退の要因であり、アメリカ国民の雇用が失われている原因だとして、トランプ大統領（当時）は、広範囲にわたる中国製品への関税引き上げを検討するなどの保護主義的政策を進めた。

知的財産権侵害の問題やハイテク分野での覇権争いを背景に制裁関税を導入するなど強硬な政策を進めるアメリカに対して、中国もまた報復関税などを実施。2020年以降も、米中間の貿易戦争を原因とする世界貿易および世界経済の停滞への懸念が高まるばかりとなっている。

ニュースの裏側にある世界の真相

米中間の問題ではなく世界的な自由貿易システムが溜め込んだ問題だという視点で見なければ本質は理解できない

アメリカにとっては輸入量が輸出量を上回る貿易赤字、中国から見ればその逆の貿易黒字。アメリカが問題だとした約３７００億米ドルの貿易赤字は、ＷＴＯ（世界貿易機関）という世界システムが生んだものである。

ＷＴＯを頂点とする自由貿易体制は一般的には理想的な経済体制だとされ、テレビや新聞をはじめとする日本のメディアはそれを守ることに疑問の余地はないことを前提に報道し、保護主義を悪者扱いする。

結論から言えば、自由貿易体制は基本的には社会主義のシステムである。21世紀に入って中国が急激な経済成長を遂げたのも、自由貿易体制が持つ社会主義的な特徴が背景にある。

自由貿易と社会主義がどう結びつくのか。それは、１９３０年代のアメリカで展開された経済政策つまりニューディール政策を見ることでわかってくる。

発展途上国に有利な自由貿易体制

自由貿易体制とはどんな体制を指すのか、はっきりとした定義はありません。ただし、簡単に言えば、輸入も輸出も政府の規制なしに自由にできるのが自由貿易体制だと解釈することができます。

だとすればそれは、関税の存在しない輸出入体制だということになります。ということは、自由貿易という状況は、実は歴史上一度も実現したことのない体制です。

WTO（世界貿易機関）は1995年に設立されました。外務省の説明によれば、《各国が自由にモノ・サービスなどの貿易ができるようにするためのルールを決めたり、分野ごとに交渉や協議を実施する場が設けられて》いる機関です。2020年時点で164か国・地域が加盟しており、世界貿易の97％以上がWTOの傘下にあります。中国は2001年に正式に参加しました。

《各国が自由にモノ・サービスなどの貿易ができるようにするため》とはいえ、現在、各国とも必要に応じて関税をかけています。つまり、自由貿易交渉、また自由貿易協議などとはいっても、基本的には関税が高いか低いかだけの話です。

そして、ここが重要なポイントなのですが、自由貿易体制というのは、いわゆる発展途上国に有利にできています。グローバリストが推進する体制の中、構造改革や規制緩和にバックアップされながら彼らが投資することで途上国は経済成長し、先進国においては産業が空洞化し各国民は貧しくなっていくのです。また、ＷＴＯなどの国際機関が推進する国際協調主義の中で日本を含む先進各国は発展途上国への支援を強要されました。アメリカをはじめとする先進国の富を、発展途上国、中国という独裁国家に分配するための仕組みがＷＴＯであるとも言えるでしょう。

ジミー・カーター政権の国家安全保障問題担当大統領補佐官を務めたポーランド系ユダヤ人の国際政治学者ズビグニュー・ブレジンスキーは著書『The Grand Chessboard: American Primacy and its Geostrategic Imperatives』（山岡洋一訳『ブレジンスキーの世界はこう動く――21世紀の地政戦略ゲーム』日本経済新聞社　１９９８年）などで、各国への介入にあたっての、「民主化→民営化→グローバル市場化」という三段階のレジーム・チェンジ政策を理論化していました。発展途上国に政治介入し、民営化を進め市場経済化を進めてアメリカ企業をはじめとする外資による現地企業の買収を可能にし、モノの移動を自由化します。その結果、グローバリストたちが望むグローバル化が達成されることになります。

グローバル市場化は世界に不公平をもたらしたばかりではなく、アメリカ国内にも貧富の差の拡大をもたらしました。この点を正面から取り上げて問題とし、大統領に当選したのがドナルド・トランプでもあったのです。

自由と協調を掲げるＷＴＯという世界経済システムは、基本的にグローバリストたちの思想、社会主義のシステムです。自由貿易と社会主義はどう結びつくのか、これを理解するためには、１９３０年代のアメリカで展開されたニューディール政策の本質を見ていく必要があります。

アメリカの社会主義化を狙ったニューディール政策

１９２９年10月24日を皮切りに株が大暴落し、ニューヨーク・ウォール街の株式市場がパニックに陥ります。経済恐慌は世界に波及し、１９３０年代後半に第二次世界大戦が勃発するまで、このいわゆる世界恐慌は続きました。

時の大統領は第31代、共和党のハーバート・フーヴァーです。フーヴァーは１９３２年の大統領選で民主党のフランクリン・ルーズベルトに敗れます。ルーズベルトが就任後、ただちにとりかかった一連の経済政策がニューディールです。新規まき直し政策、などと訳されています。

ニューディールとはどのような政策だったのか、教科書などでは、「大規模なダム・道路建設工事などの公共事業を行うことで大量に発生していた失業者たちに仕事とお金が与えられ、次第にアメリカの景気は回復に向かった」などと説明されています。ルーズベルトは貧困層対策に歴代初めて取り組んだ大統領である、などといった評価もあります。

しかし、一般的な歴史教育はその奥の本質的な問題を取り上げず、口にすることをしません。ルーズベルト大統領の側近は社会主義者で固められており、ルーズベルト自身、その支援者である社会主義者たちにとってたいへん好ましいグローバリストでした。

戦後、リチャード・ニクソンからロナルド・レーガンに至る歴代大統領と親しかった財界人でアーマンド・ハマーという人がいます。ドクター・ハマーという呼称で知られていました。ロシア系ユダヤ人で、たいへんな親ソ家であり、東西冷戦のデタント（緊張緩和）と呼ばれた時代の立役者でした。石油会社オクシデンタルを経営していた大富豪です。

このハマーが自伝『ドクター・ハマー』（広瀬隆訳　ダイヤモンド社）の中で次のよう

なルーズベルト評を残しています。

「彼はアメリカの政治体制を熱烈に擁護したが、同時に、アメリカの富が国民のためばかりでなく、全世界のために利用されるべきだと考えていた。そして、アメリカが全人類の進歩のために欠くことのできない存在であり、またそうなることが可能だと信じて疑わなかった。これこそ、あの雄弁と機知と魅力、そして思いやりをもって彼が提唱したニューディールの意義であり、推進力だったのである」

「ニューディールとはアメリカが全人類の進歩のために貢献する手段である」とは、どういうことでしょうか。「ニューディールは、アメリカ人の富を使って社会主義的政策を世界に広めていくという構想である」ということです。だからこそ、社会主義者たちがルーズベルトのニューディール政策の立案・実施に当たったのです。

ニューディール政策のかなりの部分は、その社会主義的傾向がアメリカ憲法に違反しているという理由から最高裁まで争われたことがあるほどです。たとえば、物価調整を目的に生産量を調整する「全国産業復興法」は、企業活動を国家が規制しようとするものであり、憲法に示された経済の自由に違反する、という具合でした。

ルーズベルトが目指したのは、アメリカ国民を犠牲にしてでも世界のためにお金を使う、ということです。世界のために、と言うのは口実で、現在の用語を使えばポリティカルコレクトネスですが、ドクター・ハマーなどが属するウォール街の金融資本家たちの利益のためです。

世界恐慌で株価が下がり、倒産する企業が続出しましたが、金融資本家たちはそれらの企業群を二束三文で買いあさりました。これらの結果から合理的に導かれる結論は、株価の暴落は、アメリカの金融を握った金融資本家たちの意図によるものということです。そういった状況を下敷きにしてニューディール政策が展開されたのです。

ニューディール政策とコロナ禍

こうしてニューディール政策の本質を見てくると、２０２０年以後の世界で起きていることは何なのか、ということがわかってきます。

２０２０年前半の新型コロナウイルス感染第一波に続いて10月頃から再発生した第二波によって欧米各国は軒並みロックダウン策をとりました。イギリスでは、11月5日から12月2日までの約1カ月間イングランド全域でロックダウン措置を再導入しました。スペインでは、緊急事態の期間が2021年5月9日まで延長されました。イタリアでは感染拡大抑制のための規制強化が承認され、フランスは10月30日から12月1日までの約1カ月間、全土でロックダウンを実施しました。ドイツでも11月いっぱい、約1カ月間の部分的なロックダウン措置が実施されました。

こういった事態から生じるのは、世界的な経済打撃です。IMF（国際通貨基金）は2020年10月、世界経済見通しにおいて、今後の6年間で28兆ドル（約3000兆円）の経済損失が発生すると試算しています。日本のGDPの6年分に相当する規模で世界は同時不況に陥る、ということです。

これはまさしく1929年の世界大恐慌の再現です。そして、自然発生的に再現されるのではなく、再現しようとする勢力がいるのです。

こういう話をすると、またぞろ陰謀論だと言う人が必ず出てきますが、そうではありません。私は、歴史の事実を参照しているだけです。

ドクター・ハマーの言う「アメリカの富を世界のために使う」ということは、結局、アメリカの富を世界に移転するということです。ＷＴＯは、まさにそのためにある体制です。ニューディール政策とＷＴＯの自由貿易体制は結びついており、そこにコロナ禍の流れがあります。

このように世界を歴史的に俯瞰してみると、今、起こっていることは複雑でもなんでもありません。

20世紀後半以降、アメリカの富は、自由貿易という錦の御旗のもとに中国に移転されてきました。２０１５年、『The Hundred-Year Marathon: China's Secret Strategy to Replace America as the Global Superpower.』（邦題『China 2049　秘密裏に遂行される「世界覇権１００年戦略」』（森本敏・解説、野中香方子・訳、日経ＢＰ））という本を出版したハドソン研究所中国戦略センター所長ならびに国防総省顧問を務める政治学者マイケル・ピルズベリーは、この本に関する「PRESIDENT Online」のインタビューの中で、《朝鮮戦争では、アメリカに敵対した中国だが、１９７２年のニクソン訪中を機に「遅れている中国を助けてやれば、やがて民主的で平和的な大国になる。決して、世界支配を目論むような野望を持つことはない」とアメリカの対中政策決定者に信じ込ませてしまった》《米ソに比べて国力が劣る中国は、自らの戦略を見直し、アメリカとソ連がデタント（緊張緩和）だったにもかかわらず、「ソ連はならず者国家なので一緒に戦おう」と近づいてきた。超大国２つを競い合わせながら、一方でアメリカから経済的、技術的援助を受けるという

〝漁夫の利〟を狙った実にしたたかなやり方だ》《アメリカは、他国との摩擦を避け、経済建設に専念する施策だと理解し、最恵国待遇での援助を続けたのである》と述べています。WTOは、そういう流れの仕上げとして設立された国際システムでした。

もっとも、このピルズベリーの見解は重要な点を見落としている、あるいは故意に隠していることに気づかなければなりません。後述しますが、中華人民共和国をつくったのは他ならぬアメリカであり、アメリカは中国を育てるために故意に中国に技術移転や経済支援を行ってきたのです。

中国の台頭がアメリカにとって脅威になってきたという時に、たまたまアメリカにトランプ大統領が出現しました。そして、トランプ大統領の強硬姿勢に反発するように2019年10月、中国の習近平国家主席は、中華人民共和国成立70周年祝賀大会の演説で、次のように述べました。

《「二つの100年」の奮闘目標を実現し、中華民族の偉大な復興という中国の夢を実現するために努力して奮闘し続けなければならない》

「二つの100年」とは、2021年の「中国共産党創設100年」と2049年の「建国100年」。そして、習近平は、建国100年を迎えた時、「中国は米軍と並ぶ世界一流の軍を持つ国家になるだろう」としています。

ＷＴＯの自由貿易体制で享受してきた利益を貯め込み、中国が金の力を使っていよいよ世界制覇に乗り出そうという時に、コロナ禍が起きました。トランプ大統領が不正選挙で引きずり降ろされました。見えない悪魔の手が働いているような気がしてなりません。とはいえ、私は根拠のない、予言じみた発想で世界の情勢を判断しているわけではなく、歴史から学んでお話ししているだけのことです。

世界は今、三つ巴の戦争状態にあります。トランプ的なアメリカ、中国、ディープステートの「三つ巴」です。

トランプ大統領にとっては、共にグローバリストである中国共産党とディープステートが敵でした。ディープステートにとってはトランプ大統領の愛国主義と中国の覇権主義が敵でした。中国にとっては、トランプ大統領とディープステートが敵でした。

この三つ巴戦で、アメリカのウォール街を中心とする国際金融資本家勢力が中核を占めるディープステートは、不況で倒産した企業を買い叩くために、コロナ禍の恐怖を植え付けることによって経済活動を萎縮させているのです。

経済にダメージを与えて世界各国の国力を弱体化し、経済を乗っ取ることができれば、世界統一が容易になるのです。そのために、１９３０年代の世界恐慌で味をしめたやり方を、今もう一度やろうとしているのです。

アメリカの放送メディア、ＣＮＮやＡＢＣなどを見ていると、そういったことが明確にわかります。私が繰り返し述べているように、彼らはディープステートの代理人です。都市封鎖またはそれに準じる規制を早計に解除してはいけないと言い続けています。

メディアだけではなく、行政サイドも同様です。２０２０年9月の話ですが、状況が好転しつつあるとして経済復興を主張するトランプ大統領を遮るように疾病対策センターのレッドフィールド所長が「収束には程遠い状況」という見解を出す、ということがありました。

私はトランプの経済復興重視策は合理的な判断だと思います。過去の世界恐慌の歴史を知っているのでしょう、トランプ大統領は可能な限り経済活動を再開しようとしていました。それに対して、アメリカのメディア、一部の行政機関、そして民主党は真っ向から反対していました。

彼らは、ウォール街の意向に沿った行動をとっているわけです。つまり、トランプ大統領による新型コロナウイルス政策の足を引っ張っていたのは、実は、ウォール街だということになるでしょう。

中国総領事館閉鎖

報道されるニュース

ヒューストン中国総領事館閉鎖命令などの対中強硬措置は、トランプの大統領選対策だった

2020年7月21日、米政府はテキサス州ヒューストンにある中国総領事館を24日までに閉鎖するよう命令した。その理由について、マイク・ポンペオ国務長官（当時）は、中国がアメリカの知的財産を「盗んでいる」ことを受けた決定だ、とした。

中国への強硬措置は、2020年大統領選挙を控え、新型コロナウイルスの大流行でアメリカ全体が経済的・社会的に打撃を受けて支持率が低迷する中、「中国カード」を切ることが政治的に有利になると考えたトランプの選挙対策だと考えられる。

ホワイトハウスの関係者によれば、中国への強硬な政策はトランプ大統領の低迷する支持率を挽回するためのものであると同時に、感染対策に失敗したホワイトハウスの責任をそらすためのものでもあったとも伝えられる。

一連の対中強硬措置は、共和・民主の党派を超えた、中国の共産党政権に対するアメリカをあげての宣戦布告だった

2020年6月30日の中国の香港国家安全維持法の施行を受けて、アメリカでは香港自治法が7月1日に米民主党のブラッド・シャーマン下院議員によって提出され同月14日に大統領の署名により成立。上院下院とも全会一致であり、これは、中国の人権侵害および覇権的な膨張を許さないというアメリカの明確な意思を示すものだった。中国マーケットの経済的な魅力を背景に、アメリカ内部でも中国に対する強硬態度に反発が起こるのではないかという声もあったが、アメリカの世論もまた動かなかった。

同月21日のヒューストン中国総領事館閉鎖命令、そして23日のポンペオ国務長官によるニクソン記念館での演説は、中国共産党への事実上の断交宣言、宣戦布告と言ってもよいものだった。ポンペオ国務長官がなぜニクソン記念館で演説を行ったのか、そこには1970年代に始まるアメリカの対中宥和(ゆうわ)政策への猛省という歴史的背景がある。

1980年代、胡耀邦(こようほう)はかつてないほどの対日接近政策を展開したことから失脚した。

西側の自由主義社会への阿り（おもね）だとされ糾弾されたのである。中国共産党においては、首脳の西側諸国への態度が権力闘争に利用される。アメリカの強硬な対中政策に対して習近平がどのような態度をとるのか、これによって中国共産党の内部権力争いの内情が見えてくるだろう。

ポンペオ国務長官がニクソン記念館で演説した理由

２０２０年７月は、中国に対するアメリカの態度が際立って明らかにされた月でもありました。

13日、ポンペオ国務長官は「南シナ海の大半の地域にまたがる中国の海洋権益に関する主張は完全に違法だ」と批判。南シナ海での中国の権益に関する主張をアメリカが公式に否定するのは初めてのことです。中国は南シナ海に「九段線」と呼ばれる独自の境界線を設置。その内側の海域については歴史的に支配権を有しているとしてフィリピンやベトナムなどと領有権争いを繰り広げていましたが、アメリカはあらためて中国と権益を争っている国々を支持し、中国の主張を否定する立場を明確にしたことになります。

21日のヒューストン中国総領事館閉鎖命令の2日後、ポンペオ国務長官は、ニクソン記念館で、次のような内容を含む演説を行いました。

「アメリカは中国とともに、互いに敬意を払って協力し合える希望の未来が築けると思っていた。ところが今、中国共産党が世界に対する情報提供の義務を果たさなかったために、マスクをつけ、新型コロナウイルス感染拡大による死者が増えていくのを目の当たりにし、そしてまた、香港や新疆(しんきょう)ウイグル自治区での人権弾圧のニュースを毎朝目にしている」

「中国の貿易での不正は枚挙にいとまがない。それが原因でアメリカ国民の職が奪われ、アメリカ経済全体が大きな打撃を受けている」

「アメリカをはじめとする自由主義国の政策によって中国の経済は復活し、結果的に中国は、恩恵のあるはずの他国の手にかみついた」

「アメリカは中国国民を温かく迎え入れたが、中国共産党は、自由社会を都合よく利用しただけだった。中国は、メディア機関、研究所、高校、大学に宣伝工作員を送り込み、PTAすらその標的とした」

「中国は、アメリカのきわめて重要な知的財産と企業秘密を奪った。そのために全米で1

00万もの雇用が失われた」

「中国共産党政権がマルクス・レーニン主義政権であることを忘れてはならない。習近平総書記は破綻した全体主義思想を真に信奉している」

「今週に入ってヒューストンの中国総領事館の閉鎖を発表した。スパイ活動と知的財産窃取の拠点となっていたからだ。南シナ海での国際法違反をめぐっては、8年間にわたって屈辱を受けながら何の対応もとらずにきたが、2週間前にこのやり方を変えた」

「中国共産党を変えることは中国国民だけの使命ではない。自由主義国家は自由を守るために中国共産党を変えなければならない」

「あまりにも長い間、中国共産党のやり方を許し続けてきた。もはやそれは認められない。自由主義国家が方向を定めなければならない」

「今行動しなければ、中国共産党は、民主主義社会が苦労して築き上げてきた、ルールに基づく秩序を破壊する。今、膝を屈すれば、私たちの子孫は中国共産党のなすがままになってしまうだろう」

ポンペオ国務長官は、このような演説を行う場所として、わざわざカリフォルニア州のニクソン記念館を選びました。この記念館に讃えられている第37代米大統領のリチャード・ニクソンは、大統領補佐官を務めていたヘンリー・キッシンジャーを1971年に極秘に中国へ派遣、翌年に訪中を果たして首相の周恩来、主席の毛沢東と会談を行いました。演説の中にも出てきますが、ニクソンは1967年の時点でアメリカの政治専門誌フォーリン・アフェアーズにおいて「中国をこのまま仲間外れにしておくことはできない。中国が変わるまで世界は安全にはならない。できる範囲で影響力を行使して、中国を変革へ向かわせなければならない」と述べていました。

フォーリン・アフェアーズはロックフェラー財閥の三代目デイヴィッド・ロックフェラーが会長を務めていたシンクタンク「外交問題評議会」が刊行する季刊誌です。デイヴィッド・ロックフェラーは2002年に出版された『Memoirs』（回顧録）の中で、「1970年代初頭には、両政府（アメリカと中国のこと・筆者注）とも目的を達成できず、私を含む多くの人々が、新たなことを試す時が来たと考えるようになっていた。それゆえに、ニクソンが進んで中国指導部とともに新たな戦略を模索し、東アジアにおける新時代幕開けの準備が整ったのだ」（『ロックフェラー回顧録』楡井浩一・訳、新潮社、2007年）と述べています。つまり、ロックフェラーは、ニクソン訪中が実現したのは自分たちが望んだからだ、と書き残しています。

共産党独裁の中国は「フランケンシュタイン」

ニクソン訪中以降、アメリカは対中関係正常化の時代に入ります。ただし、米中の国交樹立は1979年、第39代大統領のジミー・カーター政権下においてでした。国交樹立を先導したのは、国家安全保障問題担当大統領補佐官を務めていたブレジンスキーです。ブレジンスキーは大のロシア（ソ連）嫌いとして知られています。当時のアメリカの対中政策は、ソ連に対する牽制を目的としていました。

ポンペオ国務長官は演説の中で「ニクソン氏は歴史的な北京訪問で関与戦略を開始した。自由で安全な世界を中国共産党に求め、中国共産党がそれに応えてくれることを期待した」としています。そして、アメリカの政治家たちは「中国は発展している。開かれた自由な国になり、他国にとって今ほど脅威でなくなり友好的になるはずだ」と考え続けてきた、としています。

しかし、そうはなりませんでした。ポンペオ国務長官は「ニクソン氏はかつて、世界を中国共産党に開くことで『フランケンシュタイン』をつくり出してしまったのではないかと懸念している、と述べたことがある。その通りになった」と述べています。

ポンペオ国務長官は演説の終盤で、「ニクソン氏が1967年に《世界は、中国が変わるまで安全にはならない》と指摘したのは確かに正しい。その言葉を聞き入れるかどうか、すべては私たち次第である」としています。

中国総領事館の閉鎖命令とポンペオ国務長官のニクソン記念館における演説とで、私は、賽(さい)は投げられたという印象を強く受けました。後戻りはできない、ということです。これは、トランプ大統領が平時に得意としていたディール（取引）の範疇(はんちゅう)ではありません。米中関係はすでにそのレベルを超えて、有事の状態に突入してしまったのです。

中国総領事館はスパイの巣窟

ヒューストン中国総領事館閉鎖命令の理由は、中国総領事館が言わばスパイの巣窟になっている、ということでした。中国によるスパイ活動については2020年7月7日、FBIのクリストファー・レイ長官がシンクタンクのハドソン研究所で演説し、「アメリカにとっての長期的で最大の脅威は、中国のスパイ活動」であり、中国による技術盗用の横行を指摘して、「FBIが取り扱う5000件のスパイ事件の半分は中国に関連しており、今や約10時間ごとに中国のスパイ活動を確認している」と述べています。

アメリカは、中国が総領事館員ないし大使館員という身分を使ってスパイ活動をしているということを白日のもとに晒しました。総領事館の閉鎖命令は、そういうことをする中国を決して許さないという表明です。

中国は、こうしたアメリカの対中態度への対抗措置として7月29日、四川省成都市の米国総領事館を閉鎖しました。アメリカと中国が、まずは総領事館を使って追放合戦をやりはじめたということになるでしょう。

アメリカは、ヒューストン総領事館閉鎖命令に対して中国がどういう措置をとってくるかということに注目していたと思います。同じように総領事館の閉鎖に入ったということで、アメリカは第2弾の総領事館の閉鎖、それも場合によってはサンフランシスコの中国総領事館が対象になるだろうことも予想されていました。

7月24日には、アメリカの大手総合情報サービス会社ブルームバーグがサンフランシスコの中国総領事館に逃げ込んでいた中国軍事研究員の唐娟（Tang Juan）容疑者を逮捕したことを伝えていました。人民解放軍空軍の女性軍人です。唐容疑者はカリフォルニア大学デービス校のがん治療研究者でしたが、米国ビザを申請した際に中国人民解放軍服務の経歴と中国共産党との関係事実を否認していた、つまり、人民解放軍軍人の身分を隠してアメリカの研究機関に携わり、スパイ行為を働いていたと見られています。

私は外交の世界におりましたので、実務および技術的な面も含めて事情がよくわかるのですが、大使館員と総領事館員とでは身分保障に違いがあります。条約で保障されている身分としては、総領事館員の方が下で、場合によっては総領事館員は駐在国当局に逮捕されることもあります。先の唐容疑者はもちろん総領事館員ではなく、まだ総領事館員の逮捕まではいっていないようです。ちなみに大使館勤務の外交官の場合、不逮捕特権を放棄しない限り逮捕することはできないので、事実上、国外追放がせいぜいです。

中国総領事館閉鎖命令は、アメリカにおける中国高官の諜報活動に対する締め付けの第一歩です。大使館ではなく総領事館をまず目標にしたのは、慎重に考慮した結果だったと言えるでしょう。大使館の閉鎖は、即、国交断絶を意味するからです。

中国共産党内部の権力闘争の引き金となる対外融和

問題は、中国がアメリカの本音あるいは本意をどこまで理解しているかということです。

7月23日のポンペオ国務長官の演説は、トランプ政権下の中国に対する厳しい姿勢の集大成でした。宣戦布告に相当するような、最後通牒とも言うべきものです。

アメリカは、２０２０年7月の時点で、このままではアメリカは習近平政権を認めない、習近平の政権交代あるいは中国共産党政権の崩壊を目指すということを世界に対して明確に示したということです。

トランプ大統領は政権に就いてからというもの、中国共産党のやり方に対してずっと警告を発してきていました。しかし習近平は、その警告を深刻には受け止めてこなかった節があります。ダラダラと引き延ばせば、中国マーケットの経済的魅力を背景にしたアメリカ世論の反発にあうのではないかと期待していたのでしょう。

しかし、アメリカの意思は明確で強いものでした。テレビや新聞などのメディアでは対中強硬策はトランプ大統領が強引に推進しているものと報道されがちですが、香港自治法をはじめ、その一連の政策および立法は上院下院とも、民主・共和の超党派の全会一致で可決されたものです。

私は、本来であれば、そのメッセージを中国当局は正しく解釈するはずだったと思います。直線的な報復措置といった態度をとるのではなく、もう少し、したたかで賢い態度をていることはあります。

とるはずです。それができなくなっているのは、習近平政権の内部の混乱が大きく影響しているのではないかという気がしてなりません。

先述しましたが、1981年から82年まで第3代中国共産党中央委員会主席、82年から87年まで初代中国共産党中央委員会総書記を務めた胡耀邦という指導者がいます。胡耀邦は他の指導者と比較して、きわめて親日的な外交政策をとりました。1983年に訪日した際には昭和天皇と会見しています。時の日本の総理大臣・中曽根康弘とは特に親しかったと伝えられ、靖国参拝という問題には柔軟に対応し、また、いわゆる長老引退などといった、共産党政権人事の刷新についても語りました。

こうした対日態度が槍玉に上がり、1987年、胡耀邦は失脚します。罪状は、ブルジョワ自由化に対する寛容、つまり西側の自由主義社会への阿り、といったものでした。1989年に胡耀邦は病死しますが、胡耀邦追悼と民主化がセットになったデモが天安門事件（六四天安門事件）へとつながっていくことになります。

習近平が今まで見せてきた対米態度、そして、2020年7月にはじまるアメリカの強硬な対中政策に対する中国の反応を見ると、2021年3月現在で習近平は失脚こそしていないものの、中国共産党の指導部において大きな内部権力闘争が渦巻いている可能性があると思います。

無視されている、東西冷戦時代には存在したルール

通常の場合はかなり思い切った措置ということになりますが、たとえばスパイを行った総領事館員なり外交官を追放するということは歴史上、珍しいことではありません。東西冷戦時代には、ソ連とアメリカの間で、スパイと称された外交官の追放合戦が頻繁に行われていました。

ただし、そこには一定のルールがありました。たとえば、国外追放をやりあうということは、スパイを両国で交換する、ということでもあります。そして、引き渡された元スパイに関しては、互いの報復合戦を防ぐために互いに手を下さないという暗黙のルールがありました。そこには一定の政治的意図が働いていて、一種の暗黙の了解のもとにスパイの追放合戦が行われていたのです。

ところが、2020年7月に行われたアメリカの中国総領事館閉鎖命令とそれに報復するかたちでの成都のアメリカ総領事館閉鎖は、一定のルールも何もないままに行われてい

ます。総領事館の閉鎖命令は、外交官の追放合戦といった事態よりもレベルが上がっていると言わざるを得ません。

親中派というか中国にスキャンダルの弱みを握られているバイデン政権に交代して、対中政策がどのように展開されていくかは未知数ではありますが、ひとつ確かなことは、トランプや議会が敷いた対中強硬路線から後戻りはできない、ということだと思います。

2021年以降、何が起こるかは中国共産党政権側の対応次第だと言うことができるでしょう。たとえば、総領事館閉鎖に対しては、強がりと言っていいかと思いますが、同様に総領事館閉鎖で報復しました。次にアメリカが類似の措置をとった時に、同じような対抗措置が果たしてとれるか、ということです。

中国の中でも、このままではまずい、という空気が強くなってきているはずです。なぜなら、中国はもともとアメリカと同じレベルの対抗措置をとることはできないからです。

たとえば、総領事館の事件ひとつをとってみても、総領事館があることによって得をしているのは圧倒的に中国共産党です。中国共産党は総領事館員およびその家族といった人たちを使ってスパイ工作を行い、軍事および産業技術を奪取してきました。その拠点がひとつでもなくなるということは、中国にとってのマイナスの方がはるかに大きいわけです。

サンフランシスコ、また、ニューヨークの総領事館閉鎖ということになれば、その損失は計り知れません。

アメリカのメディア、また、日本のメディアでも、米中の対立は米中両国が傷つくといった論調が見られます。しかしこれは、前述したように誤った見方です。そして、こうした西側の論調は、中国がアメリカの真意を誤解してしまう危険があります。

中国政府のジレンマ

私はもちろん、米中間の軍事衝突を望みません。それを回避するために重要なことは、トランプ政権下のアメリカが発したメッセージを中国が正しく捉えることができるかどうか、ということです。

トランプ政権下のアメリカが発したメッセージを中国が正しく捉えるということは、つまり、中国共産党による独裁政権の終焉、ということです。中国政府にとって、これはまさしくジレンマです。そこまで中国を追い詰めるということを、トランプ政権下のアメリカは実施してきました。

こうした情勢を理解することができずに、または、作為的に目をつむって、アメリカのメディアも日本のメディアも、対中強硬政策はトランプ大統領の選挙目当ての行動だというような薄っぺらなコメントを必ずつけていました。

これは、ある意味で中国の謀略でもあります。日本のメディアには中国の宣伝工作が入っています。

アメリカのメディアにおいては、中国の工作がないわけではありませんが、米メディアを牛耳っているディープステートがトランプ打倒であるために、結果的には同じ効果があります。ここにも三つ巴の戦争が見られます。中国共産党とディープステートはトランプ打倒という点で利害が一致していましたから、2020年大統領選では共闘していたわけです。日本のメディアは中国とディープステートの両方の影響を受けていますから、反トランプ報道で一貫していることになります。

2020年のトランプ政権の動きを見ている限り、トランプ大統領は中国共産党政権を潰すということに重点を置いている、つまり、ディープステートを倒すことと中国共産党を倒すこととどちらが短期的にプライオリティが高いかと言えば、中国共産党政権を倒すことの方がプライオリティが高いと決めている、という気がしました。中国マーケットへの呪縛というものから抜けきれない日本の経済界や政治家の意向に対する忖度も働いて、日本のメディアはトランプの対中政策をすべては選挙対策としてやっていると信じ込むことによって、自分の報道を正当化していた、といったところでしょう。

　これもまた２０２０年7月のことですが、29日、在日米軍のトップを務めるケビン・シュナイダー司令官がオンラインで記者会見を開き、「ここ１００日から１２０日の間、中国はいまだかつてないレベルで日本の領海に侵入している」と述べ、「尖閣諸島の状況については、アメリカが日本政府を助ける義務を全うする」と明言しました。従来、トランプ大統領でさえ「我々は日本の後ろにちゃんとついている」とまでしか言っていなかったのです。

　こういったアメリカの、日本の尖閣諸島に対する主権確保を支援する、という態度に対して日本政府は、積極的に応えて具体的行動に移すことを躊躇しています。２０２１年１月15日に中国海警局の「海警」１隻が約10時間半にわたり日本の領海に侵入、２０２１年に入って3度目、3日連続で尖閣諸島沖で中国公船の領海侵入があったことが報道されました。「いまだかつてないレベルで日本の領海に侵入している」という状況の中、日本は抗議しかせずにいます。海上保安庁の巡視船が現場で対応に努めてくれているものの、日本政府は具体的行動を見せず、官房長官による言葉の抗議にとどまっています。

これは、日本は本当に尖閣を守る意思があるのかどうかという疑問をアメリカに抱かせる結果にしかなりません。トランプ政権のメッセージは、アメリカと一緒に中国共産党と対決しろ、ということに他なりませんでした。

バイデン政権が今後どのような対中政策をとるにせよ、日本政府の米中双方にいい顔を見せるといった曖昧な態度はもはや許されるものではありません。世界は自由世界と中国共産党の覇権主義との戦いの真っ只中にいるということを日本はより強く自覚すべきでしょう。

2020年11月12日、菅総理が、当時はまだ正式に次期大統領とは決定していないバイデンと電話会談を行いました。会談についての首相官邸での会見で菅総理は「バイデン次期大統領からは、日米安保条約第5条の尖閣諸島への適用についてコミットメントをする旨の表明があり、日米同盟の強化、また、インド太平洋地域の平和と安定に向けて協力していくことを楽しみにしている旨の発言がありました」と喜んでいました。しかし、バイデンの、オバマ政権下での副大統領時代の尖閣諸島をめぐる対中融和の態度を考えれば、手放しで喜べる状態ではないことは確かです。2013年、中国が国際法を無視して勝手に尖閣諸島上空を含む東シナ海の防空識別圏を設定し、国際社会から批判を受けたことがありました。その際、バイデンは副大統領として、防空識別圏を明確に拒否せず、「東シナ海の現状を一方的に変えようとする試みを憂慮している」と言うにとどめていたのです。

実際には、息子のハンターを連れて訪中したバイデンは、ハンターへの中国側の資金協力と引き換えに、事実上中国の防空識別圏を容認した前科があることを忘れてはならないでしょう。

第3章

ヨーロッパに忍び寄るディープステートの影

ウクライナ危機

報道されるニュース

EU（欧州連合）は対ロシア経済制裁を2021年7月末まで延長決定。ロシアが和平合意を完全履行するまで制裁を解かない方針だ

2021年1月末に期限を迎えるはずだった金融、エネルギー、防衛分野の本格的な対ロシア経済制裁をEUが同年7月末まで延長するなど、いまだに続くウクライナ危機。EUは、ウクライナ東部の一部を実効支配する親ロシア派勢力とウクライナ政権が15年に結んだ和平合意をロシアが完全履行するまで制裁を解かない姿勢を見せている。

ウクライナ危機のきっかけは、EUとの経済関係強化のための「連合協定」締結問題。ヤヌコビッチ大統領（当時）は一旦（いったん）締結を決定したがロシアからの買収や威圧を受けて撤回、これに対してロシアの影響から逃れたい親欧米派が反発して暴動となり、ウクライナ全体が無政府状態となった。

2014年3月、親ロシア派から「クリミアのロシア系人の保護」の要請を受けたというロシアがクリミアへの軍事展開を開始。治安を掌握し、住民投票の結果を受けてクリミアを併合した結果、以降、ロシアは欧米諸国からの経済制裁対象となる。ウクライナ危機は、ロシアのプーチン大統領による侵略的行為に端を発する、親欧米派勢力対親ロシア派勢力の、今も続く民主化運動である。

ニュースの裏側にある世界の真相

ウクライナ危機の本質は、スターリンとの権力闘争に敗れたトロツキストの末裔であるネオコンが演出した、プーチン失脚を目的とするクーデターである

ロシアがクリミア半島をロシア領に編入したことに激しく反発したのはアメリカだった。EUや日本を巻き込んでアメリカ主導の対ロシア経済制裁が開始され、今も続くウクライナ危機となるが、アメリカの非難のポイントは「親ロシア派自警団の監視下で行われた住民投票は民主的ではなく国際法違反」というところにあった。

しかし、アメリカは、ヤヌコビッチを大統領の座から引きずり降ろした親欧米派のデモがきわめて暴力的なものだったことには言及していない。なぜなら、そもそものウクライ

ナの反政府デモを主導したのはアメリカだったからである。

ウクライナ危機のシナリオを描いているのは、ネオコンと呼ばれる、トロツキストの末裔たちだ。彼らのロシアへの欲望は、20世紀初頭、地政学の開祖ともいわれるハルフォード・マッキンダーが編み出した、「東欧を支配するものがハートランドを制し、ハートランドを支配するものが世界島を制し、世界島を支配するものが世界を制する」というハートランド理論による。世界統一を目指すディープステートの実戦部隊であるネオコンにとって、ハートランドとは、ユーラシア大陸の中核地域、つまり現在のロシアの地域（ウクライナを含む）を指している。

加えて、ネオコンはプーチンを敵視している。プーチンがロシア愛国主義者だからだ。プーチンの愛国主義は、ネオコンにとって世界統一の障害のひとつなのである。

プーチンがスターリンを評価する理由

ソ連時代、11月7日は、ロシア革命が成就してソビエト連邦が誕生した革命記念日として最大の祝日でした。そして、プーチン大統領はそれを2005年に廃止していることはご存知でしょうか。

つまり、プーチンは、レーニンのボリシェヴィキ革命を全く評価していません。しかし、スターリンについては、「彼はもちろん独裁者だったが、彼の指導のもと我が国は第二次世界大戦に勝利したのであり、この勝利は彼の名と切り離せない。この事実を無視するのは愚かなことだ」と高く評価しています。これはなぜでしょうか。

レーニンの目的は、世界の社会主義化にありました。共産主義のイデオロギーに基づく世界統一です。一方、スターリンが掲げたのは一国社会主義でした。まずは社会主義国家としてのソ連を固めようとしました。

また、レーニンもユダヤ系でしたが、ソ連設立時の首脳陣のほとんどはユダヤ系の革命家たちでした。図式的な言い方かもしれませんが、スターリンは、ユダヤ系革命家にソ連というかたちで乗っ取られたロシアを取り戻していったと言うこともできます。愛国者、また、民族主義者という点でプーチンと重なるのです。

スターリンの発想は、世界の共産化はソ連という国家を十分に確立したその後の話だ、というものでした。この発想が、ボリシェヴィキ革命の指導者のひとりだったユダヤ人のレフ・トロツキーの世界同時革命論と対立します。トロツキーは失脚し、1929年に国外追放され、亡命先のメキシコで暗殺されました。

そして、このトロツキーの世界同時革命論を受け継いでいる人たちが、アメリカのネオコンと呼ばれる人々です。

正体を隠している新保守主義者

ネオコンとは、ネオ・コンサバティブの略です。新保守、などと訳されます。1960年代のアメリカで勢力を伸ばし始めました。

ネオコンを代表する有名な人物として、ウォルター・リップマンというジャーナリストがいます。ピューリッツァー賞を2度受賞しています。情報機関の責任者としてウィルソン大統領の側近だった時代には社会主義者でした。十四カ条の平和原則の原案作成にも関わっているとされています。後にリベラリストになり、1974年に他界するその晩年にはネオコンとして知られるようになります。

新保守ということですから、あたかも左翼から右翼に遍歴したように見えます。それは誤った認識で、社会主義者、リベラリスト、ネオコンには国際主義つまりグローバリズムという共通項があります。

ネオコンのもともとの思想は「世界統一政府の樹立」です。社会主義を広げて世界から国境をなくし、ワン・ワールドにすることであり、これこそ、レフ・トロツキーの思想でした。

トロツキーの思想を受け継ぐ人たちをトロツキストと呼びますが、アメリカに入ったトロツキストたちは、第二次大戦後、アメリカ社会党が民主党に統合する状況を支援する流れの中で社会主義という看板を下ろし、「自由と民主主義」に付け替えていったのです。自らを進歩主義者と称して、リベラリズムを前面に押し出しました。

戦後、グローバリズムの発信拠点となったのが、プロレタリアのハーバードと呼ばれていたニューヨーク市立大学シティ・カレッジでした。他の大学が人種的に排他的な入試を実施していたのに対し、広く門戸を開いていていました。

ブルックリンのユダヤ系の若者が多く含まれていましたが、ニューヨーク市立大学に進学した人たちは後にコロンビア大学で学び、社会学・政治学・法律学の学者、評論家、マスコミ人としてアメリカ社会の中核へと進出していきます。ニューヨーク知識人、と呼ばれる人たちです。リベラリストは知識人の代名詞と見なされるようになりました。

そうした人たちの中の民主党左派系のタカ派が「ネオコン」と呼ばれるようになっていきます。彼らは、ケネディ大統領の対ソ連宥和政策に反発して共和党へ鞍替えしていきました。

ネオコンは、特に軍事と外交の分野へ進出していき、国際干渉主義外交を推進しました。自由民主主義は人類普遍の価値観であるというスローガンを掲げて、1960年代のジョンソン大統領政権以降、東西冷戦の終了後も、世界各地で戦争に積極的に関与し続けています。世界統一政府の樹立のために戦争を効果的に利用するという戦法です。

グローバリズムを取り戻したいネオコン

ウクライナ危機がどのようなシナリオをもって進んでいったか、それについては『世界を操る支配者の正体』（講談社）で詳しく解説していますので、ぜひお読みいただければと思います。ウクライナ危機は、プーチン大統領を悪者として世界に印象づけるためのネオコンが仕掛けている事件なのですが、ここでは、なぜネオコンはプーチンを排除したいのか、ということについてお話ししましょう。

ネオコンはトロツキストです。世界統一政府の樹立が根本の思想です。プーチンはナショナリストです。自国中心主義であり、愛国者であり、民族主義者ですから、トロツキストにとってたいへん邪魔な存在です。一国社会主義のスターリンによってトロツキーが失脚させられたということはすでに述べました。

つまり、ネオコンは、近年のナショナリズム傾向を否定して、世界の流れを20世紀を支配したグローバリズムのイデオロギーに戻したいのです。

そして、実は、プーチンがロシアの大統領であるということが、世界統一政府を目指すネオコンにとって大きな障害でした。

ロシアを支配する者が世界を制する

ハルフォード・マッキンダーは、１８６１年生まれのイギリスの地理学者です。政治を地理的条件から分析した研究で知られていて、いわゆる地政学の開祖とされています。

このハルフォード・マッキンダーが１９１９年、『Democratic Ideals and Reality（デ

モクラシーの理想と現実)』という著作を発表しました。この中にたいへん有名な言葉があり、私は、地政学の中でも最も重要な命題だと考えています。

「東欧を支配するものがハートランドを制し、ハートランドを支配するものが世界島(ユーラシア大陸)を制し、世界島を支配するものが世界を制する」

ハートランドとはユーラシア大陸の中核、つまりロシアのことを指しています。東欧を支配する者がロシアを制することになり、ロシアを支配する者が世界を制するということなのですが、この言葉の本当の意味を、現代の地政学者はなかなか説明してくれません。

これは、実は、「ロシアは世界を支配しない」ということを言っている命題です。ロシアという国家自体は世界に覇権を唱えるような国ではない、ということです。「ロシアを支配する外部の者」が世界を制する、と言っているのです。

1812年、ナポレオンは60万の大軍を率いてロシアに侵攻しました。遠征は失敗し、わずか5000人と言われる残兵で退却します。ナチス・ドイツのヒトラーは1941年、突如独ソ不可侵条約を反故にしてソ連に侵入し優位に戦いを進めますが、やがて形勢は逆転し、1945年にヒトラーは敗北します。このような例でもわかるように、ロシアは歴史的に侵略を受け続けてきた国と言えます。もっとも、南下政策に象徴されるように、ロシアが侵略した例もありますが、基本的には世界的な覇権を目指す勢力の犠牲者だったと言えるのです。

マッキンダーの命題で重要なのは、どこかの国あるいは勢力が世界を支配したいと思うなら、ロシアを支配しなければ達成できない、ということです。これが今、世界で起きていることです。

ディープステート、つまりウォール街やロンドン・シティを中心とした国際金融資本勢力がグローバリズムのイデオロギーのもとで世界を統一したければ、どうしてもロシアを支配する必要があるということです。ネオコンは、国際金融資本勢力が一時期支配したロシア革命の流れを汲む一派です。

プーチン大統領はそのようなことは百も承知ですから、ウクライナ危機やトルコによるロシア軍機撃墜事件、ＩＳによるシリア破壊テロ活動、さらにはロシア国内での反プーチン民主化デモなどの動きに対しては敢然と対抗します。そして、プーチン大統領が何に対抗しているのか気づかれないために、ディープステートの傘下にある世界中のメディアはプーチン悪者説を流布し、反プーチンを言い続けているわけです。

かつてロシアを支配したディープステート

ディープステートはかつて、ロシアを支配しました。1917年のロシア革命によるソビエト連邦の樹立によってです。ソ連という社会主義国家はディープステートがつくった人工国家でした。ボリシェヴィキの革命家のほとんどはユダヤ系左派であり、ロシアを乗っ取ったのです。

つまり、ロシア革命は、ディープステートによる世界統一の第一歩でした。しかし、その目論見は、1991年のソ連崩壊をもって失敗に終わります。

2020年は、アメリカ大統領ジョージ・ブッシュとソ連最高会議議長および共産党書記長ミハイル・ゴルバチョフとの首脳会談、いわゆるマルタ会談で東西冷戦終結が宣言されて丸30年を迎えた年でした。新聞や雑誌などでいろいろな特集記事が組まれていましたが、前述したような分析は残念ながら、どこにも見ることはできませんでした。

日本のメディアも含め、世界のメディアは、決してそういう分析はできません。なぜなら、メディアを牛耳って影響力を及ぼしている勢力は、ロシア革命を行った勢力と直結しているからです。

当時、ロシアが共産主義革命の標的になった理由を、今あらためて考え直す必要があるでしょう。ロシア在住のユダヤ系の人々が帝政ロシア政府から弾圧を受けていたということも背景にありますが、ロシア革命を計画・遂行した革命家たちの頭の中にはマッキンダーの命題、つまり、世界を支配しようと思えばロシアを支配しなければならないという命題があったはずだと私は考えています。

そして、そこに待ったをかけたのが、スターリンだったのです。

世界制覇計画を狂わせた一国社会主義

スターリンは、世界同時共産革命よりも一国社会主義でソ連という国家を確立することが先決だと考えました。まずロシアを大事にしよう、ということです。スターリンはある意味でナショナリストでした。スターリンによってディープステートの計画は狂い始めたのです。

当然、スターリンはディープステートから疎んじられるようになりました。疎んじられるという言い方は穏健すぎるでしょう。

通説ではスターリンは1953年3月1日に寝室で脳卒中で倒れ、発見が遅れたために十分な処置ができずに4日後に他界したことになっています。倒れたのは、側近であるラヴレンチー・ベリヤ、ゲオルギー・マレンコフ、ニコライ・ブルガーニン、ニキータ・フルシチョフと徹夜で会食・会談を行った後のことでした。

私は、スターリンは暗殺されたものと思います。スターリンの臨終の場面は、フルシチョフの回顧録、そして、スターリン時代には外交官を務めていた後の外相アンドレイ・グロムイコの回想録に出てきます。

病床にあって、スターリンはベッドサイドに当時のソ連指導者たちを集めました。その際、たいへん印象深いところなのですが、スターリンが寝室の壁にかかった絵を指差し、その後で自分を指差した、という描写が出てきます。この様子については複数の人が言及しているので確かなことでしょう。

壁の絵は、少女が子羊にミルクを与えている、というものでした。そして、この様子について、フルシチョフとグロムイコの解釈は異なっています。フルシチョフは、自分は全身が麻痺してしまい、少女にミルクを与えられている子羊のように、誰かに食べさせてもらわなければやっていけないようになってしまったとスターリンは言いたかったのだ、と解釈しました。

グロムイコは、自分はあの哀れな子羊のように犠牲になったのだ、とスターリンは言いたかったと解釈できるような描写をしています。「臨終の際、スターリンはベッドサイドに居合わせたマレンコフ、フルシチョフ、モロトフなどの政治局員に対し、壁に架かっていた絵画に描かれた子羊を指差した後、自分を指差して自らを子羊に見立てていた」と。つまり、フルシチョフのように、少女にミルクを与えられている子羊との部分には言及せず、子羊を強調していることから判断すれば、暗殺に遭ったのだということを匂わしていると私は思います。

スターリン暗殺の要因について、私は、中国との石油および金属の合併会社設立の行き詰まりにあったのではないかと推理しています。１９４９年の中華人民共和国樹立直後に、それまで蔣介石との間で合意に達しなかったプロジェクトがあらためて持ち上がったのですが、中国側の方針変更で行き詰まり、その成り行きにスターリンは激怒したとグロムイコは回想録で伝えています。

新興国に過ぎない中国との合併会社設立程度の案件の失敗でスターリンが激怒するとは思われず、このプロジェクトは、スターリンの政治生命がかかった、ソ連の外にいる何者かと約束した、あるいは強要されたものだった可能性があります。何者かとは、石油や金を独占支配しようとしていた英米の勢力です。スターリンは彼らとの約束を履行できなくなったために激怒し、また、後にそれゆえに暗殺されたと考えれば、辻褄が合うのです。

スターリン後のソ連

スターリン後のソ連は、若干の紆余曲折があったもののフルシチョフが第3代最高指導者として跡を継ぎ、その失脚後、18年間ブレジネフ体制が築かれます。このように、レーニンなどユダヤ系の革命家が支配したソ連において、スターリンはグルジア（現・ジョージア）人ではあったものの、ソ連の指導者はロシア人が務めることになります。私がソ連に勤務していた頃（1979年～81年）は、最高指導部である政治局にはユダヤ人局員もいましたが、トップの共産党書記長にはロシア人でないとなれないと言われていました。

初代最高指導者のレーニンはユダヤ系であり、指導部人員の多くはユダヤ系で占められていました。革命直後にレーニンが設置した秘密警察もまた、スターリン時代に至るまでユダヤ系の人々で占められていました。ソ連は当初、ユダヤ系国家だったのです。

つまり、世界制覇のためにロシアはおさえられたということなのですが、スターリン以降、ディープステートの支配力は弱まっていったのです。ソ連は１９９１年に崩壊します。一言で簡単に言えることではないにせよ、そのためにソ連は解体されたのだ、というのが私の見立てです。こうした視点については、今後、研究が進むものだろうと期待しています。

ウクライナ危機は、ウクライナを通してプーチンを引きずり降ろそうとしたところにポイントがあります。多くの人は民主化運動だと思いこまされていますが、繰り返しになりますが、その裏にはネオコンのシナリオがあります。

当時、米国務次官補を務めていたビクトリア・ヌーランドという女性が現地で積極的に動いていました。ヌーランドはネオコンの闘士です。反ヤヌコビッチの親欧米派のデモ隊に加わっている映像も残っています。ヌーランドの夫はブルッキングス研究所上席フェローの歴史家ロバート・ケーガンで、彼はネオコンの理論家です。

ヌーランドは、アメリカの駐ウクライナ大使との通話内容がＹｏｕＴｕｂｅですっぱ抜かれたことでよく知られています。ヌーランドは、ヤヌコビッチ大統領が現職である段階で、ウクライナの今後の体制はアルセニー・ヤツェニュク政権の発足が望ましいとして、ヤヌコビッチの排除を相談していました。その場で国連によるウクライナへの介入を支持し、意にそぐわないEUを侮蔑する言葉を発していました。

当時の米国務省はこれを事実だと認めていますし、ヌーランドはEUに謝罪したとされています。こうした事実があるにもかかわらず、世界のメディアは、ネオコンによる反プーチン・クーデターの事実を認めようとはしません。プーチンがクリミアを併合したことはメディアにとっては幸いでした。領土拡張主義者というレッテルを貼る格好の材料となったからです。EUは経済制裁に同調せざるを得なくなり、日本もまたそれに巻き込まれました。

政権打倒運動のお決まりのパターン

ウクライナ危機は、歴史上、ネオコンがすでに繰り返してきている海外の政権打倒運動画策のパターンを踏襲するものです。一般的に民主化運動として報道されている、2003年グルジア（現・ジョージア）のバラ革命、2004年ウクライナのオレンジ革命、2005年キルギスのチューリップ革命などといったいわゆるカラー革命は、すべてそのパターンでした。2010年12月に始まったチュニジアのジャスミン革命からアラブ世界に波及した「アラブの春」もそのパターンの中にあり、最終ターゲットはシリアで、ロシアの介入とトランプの対IS政策転換の結果、内戦が収束しつつある状況です。

ネオコンにとって、目的はウクライナそのものではなく、ウクライナにプーチンを介入させることが狙いでした。ウクライナの政情が不安定になればロシアとしては黙っていられません。元々ロシア領であったクリミアは、ウクライナ治政下にあっても大幅な自治が認められており、事実上ロシア領土のような状況でした。クリミアの住民の6割はロシア人であり、ロシア海軍が租借している重要な軍港セヴァストポリがありました。

プーチンは限定的に関与しました。ウクライナ危機は、親露派政権を新欧米政権に変えるだけではなく、ロシア人をウクライナから追い出すというクーデターでもありました。ヤヌコビッチ大統領が追放された後、暫定政権はロシア人に対して虐殺行為をはじめましたから、放っておけばクリミア半島でもロシア人の安全が脅かされることが十分に想定されました。そこで、形式的ではありますが住民投票を経て、プーチンはクリミアを併合したのです。

2020年の7月、東ウクライナにおける親ロシア派勢力とウクライナ政府軍の紛争をめぐる完全停戦協定が発効しました。ウクライナは直接ロシアと国境を接する国ですから、東ウクライナが混乱することはプーチンにとっても好ましいことではありません。プーチン大統領が領土拡張主義者であるなら、東ウクライナにロシア軍を侵攻させる、あるいは親ロシア派勢力を強く支援して東ウクライナを分離させることを狙うでしょう。しかしプーチンはそんなことは考えていません。

プーチンの発想は、東ウクライナが安定的な地域になるということがロシアの安全保障にとって不可欠だ、というものです。

ウクライナが東西に分かれてしまうとします。そのうえでもし西がNATO（北大西洋条約機構）に加盟した場合、ロシア軍はNATO軍と正面から対峙することになります。プーチンは、そうした状況は避けるべきだ、と考えています。教科書的な知識によればロシアは帝国主義的で凶暴だということになっていますが、ロシア人はたいへん慎重な国民性を持っています。

プーチンにとっては、NATOとの間に緩衝地帯が欲しいのです。その緩衝地帯については、反ロシアでさえなければいい、というのがロシアの安全保障の基本的な考え方です。緩衝地帯はバッファ・ゾーンとも呼ばれます。バッファ・ゾーンを国境の外にめぐらすというのがロシアの伝統的な安全保障政策です。

メディアによるプーチンを侵略者、帝国主義者、領土拡大主義者と捉えて悪者に仕立て上げる工作はウクライナ危機の以前から始まっていることです。具体的に言えば、ディープステートが完全に反プーチンとなったのは、プーチンがロシア有数の石油会社ユーコスの社長、ユダヤ系のミハイル・ホドルコフスキーを脱税で逮捕した２００３年からのことです。ホドルコフスキーは欧米ユダヤ系の国際金融資本家たちと親しい関係にありました。

ホドルコフスキーはイギリスのジェイコブ・ロスチャイルドと組んで「オープン・ロシア財団」をロンドンに設立し、理事にキッシンジャーを迎え入れていました。ホドルコフスキーはユーコス株の40％をシェブロンやエクソンモービルなどの米メジャーの石油会社に売り渡す計画を進めており、さらには自らプーチンに対抗して大統領選挙に立候補することを考えていました。ディープステートのロシア乗っ取り作戦にからんでいたと言えるのです。

２００３年は、イラク戦争の年です。アメリカが勝利してイラクの石油をおさえ、これでアメリカの傘下にない主要な産油国は、イランとリビアを除けばロシアだけになりました。ホドルコフスキーが逮捕され、やがてユーコスが解体されたことは、石油支配の完成を目指す勢力にとってはたいへんな痛手だったのです。

ロシアの民主化勢力とは、ウクライナなど旧ソ連諸国の民主化勢力と同じくユダヤ系の活動家です。2020年、アレクセイ・ナワルニーという政治運動家が国内線旅客機の中で意識不明となり、後に治療にあたったドイツの医師がナワルニーはコリンエステラーゼ阻害剤という毒を盛られたという証拠を発見したと発表、プーチンが関与しているのではないかという疑惑をロシア政府が否定するという事件がありました。ナワルニーの支援団体は同事件を利用するかたちで、2021年の初頭、プーチン自身はその所有を否定しているロシア黒海沿岸のリゾート地にある豪邸をプーチン宮殿と呼んで非難する動画を公開。ナワルニー自身が豪邸はプーチンの所有であると主張し、抗議デモを呼びかけました。

前述のホドルコフスキーは2017年に日経新聞のインタビューに答え、ナワルニーを民主化運動家として高く評価しています。ナワルニーもまた、ユダヤ系勢力の傘下にある人物であり、ロシアの民主化運動はこうした人々が推進しているのです。

欧州議会「欧州の未来に向けた重要な欧州の記憶」決議

報道されるニュース

決議をきっかけに欧州諸国とロシアの間で第二次世界大戦の勃発原因に関する論争が繰り広げられている

欧州議会は、欧州連合（EU）の組織で、欧州連合理事会とともに両院制の立法府を形成している。その欧州議会が2019年9月19日、フランスのストラスブールで決議した「欧州の未来に向けた重要な欧州の記憶」が、ヨーロッパ諸国とロシアとの間の対立を深め続けている。

決議には、「第二次世界大戦の勃発原因は、1939年8月23日に締結された悪名高い独ソ不可侵条約とその秘密議定書の直接の結果である」という内容が含まれていた。従来、大戦勃発の原因は、ナチス・ドイツによる1939年9月のポーランド侵攻にあるとされてきたのだ。

プーチン大統領は、「スターリンに対してヒトラーと等しく戦争勃発の責任を負わせることは全く容認できない」と反発。しかし、世界の各メディアは、決議にもあるとおりロシアこそ共産主義と全体主義の最たる被害者としての自覚をもって歴史認識を再考すべきだろう、と報じている。

ニュースの裏側にある世界の真相

「欧州の未来に向けた重要な欧州の記憶」は共産主義をナチス同等の悪とした画期的な決議である

「欧州の未来に向けた重要な欧州の記憶」決議は、近年さらに覇権主義を強める中国共産党政権下の中国への牽制を念頭に置いたものだと考えていいだろう。この決議が画期的である理由は、EUというヨーロッパ諸国の連合が公式にナチスと共産主義を同等の倫理基準で批判した、という点にある。史上、初めてのことだ。

従来、共産主義は悪行の程度において、ナチスよりも程度は低いとされてきた。共産主義国家であるソ連が、第二次世界大戦ではナチス・ドイツと戦う西側同盟国として参加していたからである。

しかし、ナチスもまた国内の共産主義者の脅威下にあったのだ。終戦後、ソ連の傘下にある共産主義者勢力がヨーロッパ諸国、特に東ヨーロッパ諸国で政権を握った。各国ともにメディアと教育機関が歴史認識をコントロールしてきたのである。公的な機構であるEUが、ナチスと共産主義、この2つの思想を初めて同類の悪とみなしたことには大きな意義がある。

レベルアップしているヨーロッパの歴史認識

「20世紀において、ナチスと共産主義政権は、大量殺戮（さつりく）、大量虐殺、国外追放を実行し、人類の歴史上、他に見られない規模で生命と自由の喪失を引き起こした。共産主義政権による蛮行は、ナチス政権によって行われたホロコーストの恐ろしい犯罪を想起させる。よって、ナチス、共産主義、および他の全体主義政権によって行われた攻撃行為と人道に対する罪および大規模な人権侵害を最も強い言葉で非難する」

これは、「欧州の未来に向けた重要な欧州の記憶」決議の一部の内容です。決議のすべての内容は欧州議会の公式ウェブサイトに、残念ながら日本語はありませんが各国語で収録されています。

結論としては、この決議は、近年の中国共産党の動きを念頭に置いて出されたものだと言っていいでしょう。また、私は、今までのヨーロッパのスタンダードな常識から考えて、歴史認識のレベルが格段に質的に向上したことに驚きました。共産主義の悪ということを前面に表明し、共産主義者たちはナチスのホロコースト同等の大量虐殺を行ったと指摘しているのは、ヨーロッパの歴史認識として画期的なことです。

ヨーロッパの歴史認識を支えてきた歴史家たちは、ロシア革命を遂行した革命家たちの仲間でした。彼らは自分たちの仲間つまり共産主義者の大量虐殺にはカムフラージュを施し、ナチスの大量虐殺だけを言い立てて、世界の人々の歴史観をコントロールしてきたのです。

ナチスと共産主義者たちの両方の犠牲者だったヨーロッパから発信されたということが重要です。この欧州議会の決議がなされた２０１９年はまさに歴史の転換点だと言うことができるでしょう。過去１００年間を支配してきたロシア革命正統論が崩れ去った宣言でした。

共産主義批判の3つのエポック

２０１７年11月7日はロシア革命から１００年が経過した節目の日でした。アメリカはこの日、つまり11月7日を「共産主義犠牲者の国民的記念日」とすると宣言し、トランプ大統領は、次のような内容を含む声明を文書で発表しました。

「ボリシェヴィキ革命は、ソビエト連邦という数十年に渡る圧政的な共産主義の暗黒の時代を生み出した。共産主義は、自由、繁栄、人間の命の尊厳とは相容れない政治思想である」

「世界の共産主義者による全体主義政権は前世紀から1億人以上の人を殺害し、それ以上の数多くの人々を搾取し、暴力の恐怖と惨状に晒した」

共産主義は1億人以上の人を殺害したと公式に述べたことに特に注目すべきでしょう。

フランスの現代史家ステファヌ・クルトワらが書いた『共産主義黒書　ソ連篇』（外川継男・訳、恵雅堂出版、２００１年）は、ナチズムの犠牲者約２５００万人に対し、共産主義によって殺された数はソ連２０００万人、中国６５００万人、ベトナム１００万人、北朝鮮２００万人、東欧１００万人、ラテン・アメリカ15万人、アフリカ１７０万人、アフガニスタン１５０万人で合計は１億人に近い、としています。「亡くなった方々のことを偲び、今も共産主義の下で苦しむすべての人々に思いを寄せる」と締めているトランプ大統領の声明は、ソ連といった過去の国家だけでなく、今もまだ共産主義政党のもとにある国、つまり中国や北朝鮮を批判しています。

欧州連合が「欧州の未来に向けた重要な欧州の記憶」を決議した直後の２０１９年９月24日、同じくトランプ大統領（当時）は、ニューヨークの国連本部で開催された第74回国連総会で次のような内容を含む演説を行いました。

「アメリカが直面する最も恐ろしい問題のひとつに社会主義という妖怪がある。社会主義は国を崩壊させ、社会を破壊する」

「社会主義と共産主義は正義とは関係がなく、平等とも関係がない。貧しい人々を救済することとも関係がなく、国家の善政にも関係がない。社会主義と共産主義が関心をもっているのは、支配者層のための権力、それだけである」

トランプが、社会主義も共産主義と同列の悪として扱っていることは注目していいでしょう。この２０１９年９月24日のトランプの国連総会演説、９月19日の欧州議会「欧州の未来に向けた重要な欧州の記憶」決議、２０１７年11月７日のトランプの「共産主義犠牲者の国民的記念日」宣言のこの3つの出来事はすべて、同じ一本の線、世界はもはや共産主義を許さない、という線でつながっているのです。

そして、忘れてはいけないのは、共産主義は悪であって人類の敵だということを明確にしているのは、ロシアのプーチン大統領もまた同様である、ということです。前述のとおり、プーチンは2005年の時点ですでに、ソ連時代には最大の祝日だった11月7日の革命記念日を廃止しているのです。

つまり、トランプとプーチンは同じ考え方をしていました。そしてヨーロッパもその姿勢を明確に示す転換を果たしたということになるでしょう。

中国共産党の国家建国を支援したアメリカ

アメリカと言うと語弊があるでしょう。中国共産党を支援して1949年の中華人民共和国の樹立を実現させたのは、アメリカの共産主義者たち、ディープステートです。

ディープステートは冷戦の相手に仕立てたソ連をアメリカに十分に対抗できる強国にするために中華人民共和国の樹立を必要としました。中国をソ連の影響下において共闘させる、つまりソ連の衛星国として機能させようとしたのです。

東西冷戦構造の下で、ソ連を強国に仕立て上げることで、ソ連を中心とする共産主義国家群の脅威を煽って、共産主義勢力との戦争を遂行し、軍拡を推進して軍産複合体の利益を確保する一方で、アメリカという健全な強国を内部から疲弊させることが目的でした。ディープステートは、毛沢東の共産党の方が蔣介石の国民政府より民主的であるというプロパガンダを行って、中国共産党政権の樹立にこぎつけました。

第二次世界大戦後、中国では蔣介石率いる国民党と毛沢東率いる共産党との間で内戦が起こります。その後、国務長官、国防長官を歴任することになるジョージ・マーシャル将軍は、トルーマン大統領の特使として中国に派遣されました。表向きはもちろん国民党援助でしたが、マーシャル将軍は国民党への武器援助実施を遅らせ、共産党軍との即時停戦を主張し、共産党との連立政権を強要したのです。蔣介石に引導を渡したのだと言えるでしょう。

2003年まで国家主席を務めた江沢民（こうたくみん）の時代までは、ディープステートはそれなりに中国を利用することができました。天然資源のあったソ連については解体して民営化することで利用しましたが、中国においては、膨大な量の安価な労働力を利用しました。労働者の人権を無視して効率よく管理し、必要な場所に工場用地を迅速に用意して整備するのに中国共産党の独裁体制が役に立ったのです。かくして、ディープステートは中国を世界の工場として育て上げ、ＷＴＯ（世界貿易機関）にも加入させ、先端技術についてもあえて盗ませてきました。

問題は、米中関係の歴史の流れを無視する習近平という指導者の登場です。習近平はディープステートと中国の関係を踏まえずに覇権を求め始めました。ディープステートにとってこれは、親の心子知らず、恩を仇で返す、ということです。ディープステートの覇権に挑戦することは何者であっても許されません。

ディープステートは、習近平政権、あるいはここまできてしまった中国共産党一党独裁である中国を潰すことに決めている、と私は考えています。中国共産党を許さないという点においては、実はトランプとディープステートは共闘していたのです。ただし、中国とディープステートはトランプの再選阻止という点で限定的に手を携えました。しかし、それ以外の点で利害はまったく対立します。直近の流れで言えば、コロナ禍で打撃を受けた世界の優良企業の買収をめぐって衝突する可能性が高いでしょう。

グローバリストは共産主義者

世界同時共産革命が目指すのは世界統一です。世界統一とは国境をなくすということです。グローバリズムもまた国境をなくすことを目指していますが、それはもともとロシア革命に携わったユダヤ系の革命家の思想から来ている発想です。

ロシア革命当時、この革命が、ユダヤ人が国際金融勢力の支援を仰いで起こした、ロシア国内の少数民族だったユダヤ人を解放するためのものだということは、ヨーロッパ諸国では常識でした。1922年に『The Jews』（ユダヤ人）を発刊した高名なイギリスの歴史家ヒレア・ベロックは、ロシア革命はユダヤ革命だったと明言しています。ベロックはまた、彼らが共産主義思想に共鳴した理由はその国際性にある、としました。国境をなくすという国際性に、長きにわたって民族離散を続けてきたユダヤ人の未来を見たわけです。

この国際性こそがグローバリズムということです。そして、ディープステートはメディア報道の基調となっている「グローバリズムは歴史の必然だ」というプロパガンダを行ってきました。

その広告塔が、1977年から81年までカーター政権下で国家安全保障問題担当大統領補佐官を務めたことで知られるアメリカ政界の重鎮ズビグニュー・ブレジンスキーです。

ブレジンスキーは２００４年に出版された『THE CHOICE』（邦題・孤独な帝国アメリカ）の中で次のようにグローバリズムの歴史必然論を展開しています。

「国家の評価は民主化の程度だけでなく、グローバル化の度合いによってもなされるべきである」

「グローバル化が公平な機会をすべてのプレーヤーに提供するといった考え方は、現実かどうかに関係なく、新しいグローバル化という教義に歴史的な正統性を与える重要な根拠となった」

「グローバル化が遅れた国は歴史の発展から取り残されることになり、そのような事態は当該国だけでなく、世界にとっても好ましいことではない。したがって、アメリカがグローバル化の不十分な国に介入することは正当化される」

これは、アメリカのネオコン勢力が推進する国際干渉主義外交の根拠となっている理論です。ブレジンスキーは各国への介入にあたっての「民主化→民営化→グローバル市場化」という三段階のレジーム・チェンジ政策を理論化していました。まず各国に民主化つまり複数政党による選挙の実施を求め、経済の民営化を推進する候補者を当選させます。

民営化を進め市場経済化を進めてアメリカ企業をはじめとする外資による現地企業の買収を可能にし、グローバル化を達成する、ということです。東欧で展開されたカラー革命、中東で展開されたアラブの春、また、最近のウクライナ危機においても、この理論に基づいて事態が進行していることがおわかりいただけるでしょう。

マーケットとしての中国

共産主義への見解を明らかにしたEUも、トランプ政権下のアメリカも、中国そのものを問題にしているのではありません。中国共産党の一党独裁を問題にしています。中国は巨大なマーケットであり、中国というマーケットを捨てる、と言っているわけではありません。中国というマーケットを引き続き中国共産党が支配することは認めないとの意思を明確にしているのです。

この点で、ディープステートとは利害が一致します。彼らの傀儡（かいらい）であるバイデン政権がディープステートの意向に忠実に対中政策を実施することは間違いありません。いわゆる「バイデン色」は出したくても出せないのです。ディープステートの代理人の民主党が中国共産党に厳しいのは当然のことです。2020年7月に成立した香港自治法は、民主党の下院議員が提出した法案に基づくものでした。

ところが、特に日本において顕著なのですが、無知がそうさせている可能性もあるにせよ、多くの人はアメリカとディープステートを区別していませんし、そもそもメディアが区別せずアメリカとしか伝えません。ディープステートの考えと中国共産党の考えが異なり始めているということを信じたくない人々がいまだに中国大国論を唱え、中国との融和を謳っています。中国を大切にしないと日本は損をする、と言ってはばかりません。たとえば2020年9月15日付のウォール・ストリート・ジャーナルの「日本の次期指導者は中国をめぐる衝突に放り込まれる」という記事で、同紙のピーター・ランダース東京支局長の質問に対し経団連会長の中西宏明氏が「もしこの国（中国）を敵とみなし、無視しながら、なお経済活動を続けようとすれば、それに伴う危険はかえって高くなり、自滅的な行動にもなりかねない。中国とは隣国として可能な限り仲よくしよう」と答えたことが紹介されています。

以上に見たように、アメリカはすでに、民主・共和の超党派で、中国共産党の横暴を抑える、その独裁的支配をやめさせるという方向に舵（かじ）を切っています。日本の与党も野党もここをしっかりとおさえておかなければ、日本だけが、ヨーロッパを含めた世界から取り残される、あるいは爪弾き（つまはじ）きにされてしまうことになりかねません。

第4章

日本人が今守るべきものとは

安倍晋三総理辞任

報道されるニュース

安倍総理は、持病悪化を理由に、万事において絶妙なタイミングで辞任した

2020年8月28日の辞任会見で安倍総理は、「国民の皆様の負託に自信を持って応えられる状態でなくなった以上、総理大臣の地位にあり続けるべきではないと判断いたしました」と述べた。

同年8月24日には、大叔父にあたる佐藤栄作の持つ首相連続在任日数2798日を超え、現時点で歴代最長の在任記録をもつ総理大臣として歴史に名を残すことになった。新型コロナウイルス感染もピークアウトの兆しを見せていた。国会は閉会中で、9月には自民党の役員人事も控えていた。

8月に入り、複数社の世論調査で内閣支持率は40%を大幅に下回る過去最低レベルの数字を見せ、不支持率は50%前後の過去最高レベルのものとなっていた。支持しない理由として、安倍総理が信用できない、政策に期待できないという声、そして、新型コロナウイ

ルスへの政府の対策への低評価があった。

ニュースの裏側にある世界の真相

安倍総理辞任の背景には、アメリカのシンクタンク・CSIS（戦略国際問題研究所）が発表した中国問題に関するレポートがある

2020年7月23日、CSISが「China's Influence in Japan（日本における中国の影響力）」というタイトルのレポートを発表した。CSISはワシントンD.C.に本部を置くシンクタンクで、トランプ大統領の肝いりで設置された国務省傘下の「グローバル関与センター」と連携して、このレポートが作成された。

同レポートは、二階俊博自民党幹事長と今井尚哉首相補佐官をきわめて親中媚中の強い政権スタッフだとして、名指しで次のように強く批判していた。

「2019年4月、二階俊博は安倍首相の特使として習近平主席と会談し、アメリカの意見を無視して、日本は中国の一帯一路構想に協力すると提唱した」

「二階俊博は、習近平の国賓招聘推進や一帯一路の擁護提唱だけでなく、かねてから対中

対外援助を擁護してきた。マネーは権力と影響力を生む。中国と日本の間の援助関係は1979年から2018年の間、影響力の動脈だった」

「安倍首相補佐官で経済産業省官僚だった今井尚哉は、中国や中国のインフラプロジェクトに対してより友好的な姿勢をとるよう、安倍首相を説得してきた」

「二階派は自民党の親中国グループである。このグループは『二階・今井派（Nikai-Imai faction）』とも呼ばれている」

二階議員は菅首相によって自民党幹事長に再任となったが、安倍首相の辞任の背景には、二階・今井を道連れにするという意図があったと考えられる。首相たる自民党総裁が辞任するのであれば、自民党の役員もまた全員が辞任することになるからである。

世界の総理でもあった安倍晋三

アメリカで大統領交代が決まった2021年、「平和的手段による主権国家中心の新たな世界秩序の構築」対「世界大戦争を経て荒廃の中から誕生する全体主義的な世界統一政府」という戦いは、いよいよ私たちに目に見える形で展開されることになるでしょう。後世の歴史家は、2021年をハルマゲドン元年、世界最終戦争元年と記述するかもしれません。私たちは、世界秩序の大転換をめぐって人類が直面する最後の試練を迎えようとしているのだと思います。

安倍総理の辞任もこのことと大いに関係があると考えるべきでしょう。主要国の長の退陣は世界の権力構造の変化に影響を与えるインパクトがある出来事であり、世界情勢と水面下でつながっています。

安倍総理は単に日本のリーダーであっただけではなく世界のリーダーでもありました。安倍総理の退陣を惜しむ声は世界の首脳から聞かれました。トランプは「辞任はつらかったに違いなく、とても気の毒に思う」と述べ、トランプ政権下で国家安全保障担当補佐官を務めていたジョン・ボルトンは「彼がトランプを現実の世界につなぎ留めてきた」とワシントン・ポスト紙に寄稿しています。

安倍首相は辞任表明後ただちに、トランプ大統領を皮切りにロシア、カナダ、イギリス、フィリピンなど、中国と韓国を除く10カ国を超える国々の首脳と次々に電話会談を行いました。このことが、まだ過去形にするのは早いと思いますが、何よりも安倍総理が世界的な政治家だったこと、世界のリーダーのひとりだったということを如実に証明するものでしょう。

２０２０年7月23日に出されたＣＳＩＳの「日本における中国の影響力」というレポートは安倍総理にとって、公的に発表されたものであるという点で意味がありました。二階俊博自民党幹事長が親中派であることは広く知られていましたが、今井尚哉首相補佐官が名指しで親中派であると指摘されました。もちろん、水面下でアメリカからこうした親中派への懸念は伝えられていたと思いますが、レポートはレポートであって外交文書ではないにせよ、公のものとされたことに大きな意味があります。

安倍総理は、まったなしの課題を突きつけられたということです。端的に、彼らを早く切れ、という要求でした。

安倍総理が選んだ道は、道連れ、ということでした。自らが辞めるのであれば、自民党総裁が辞任するのですから自民党の役員も全部辞任することになります。二階幹事長も形式的には辞任しました。

ただし、あえて残念なことにと申し上げておきますが、菅総理つまり菅自民党総裁は二階幹事長続投を決定してしまいました。今井首相補佐官は安倍政権退陣とともに補佐官を辞任し、菅総理の下で内閣参与という実権のないポストに起用されました。

私は、安倍晋三氏はこれで政界を引退されるわけでは決してなく、むしろ、2021年以降、早いうちにカムバックされることになるのではないかと期待を込めて考えています。国内政治が行き詰まり、世界情勢も混沌とすることから、早晩安倍コールが起こるだろうという気がしてなりません。

菅総理も菅総理なりに頑張られると思いますが、残念ながら、特に外交においては安倍総理の衣鉢を継ぐことはできないと思います。本人もそれは理解しておられるだろうと思います。たとえば『日中 親愛なる宿敵：変容する日本政治と対中政策』（伏見岳人・佐藤悠子・玉置敦彦・訳、東京大学出版会、2018年）で知られる米外交問題評議会のシーラ・スミス上級研究員は、「外交を得意とした安倍前首相と菅首相は対象的である。新内閣は国内課題への取り組みを重視する姿勢を示しているが、諸外国はそれを『日本が再び内向きになるのかどうか』とも見ているのだ」と述べています。こうした懸念が表面化すれば、日本は行き詰まることになる可能性が非常に高く、どうしても安倍総理に再々登場願わないと国内的にも対外的にもおさまらない状況になるかもしれません。

トランプ大統領の肝いりだったCSISのレポート

ＣＳＩＳのレポートは、従来ならばディープステートの願望と要求が書かれているに過ぎないとして、一応留意はするが具体的アクションは差し当たりとらないことで済ますこともできたかもしれません。しかし、２０２０年7月23日に出された「日本における中国の影響力」レポートはトランプ大統領の肝いりだったのです。

アメリカ国務省の傘下機関として「グローバル関与センター」があります。これはトランプ政権が設置した機関で、中国の対外工作、つまり中国によるアメリカの政治あるいは世論工作にどう対応するか、その対処策を考える機関です。ＣＩＡやＦＢＩをはじめとするインテリジェンス機関のメンバーによって構成されています。

「日本における中国の影響力」レポートは、ＣＳＩＳとグローバル関与センターとの共同作業によって作成され発表されたものでした。つまり、アメリカのいわば総意であると見ても間違いない内容が書かれているということです。

危険という意味の言葉こそ使われてはいないものの、簡単に言えば、日本に浸透している中国の影響はたいへん危険である、という趣旨のレポートです。はっきり言えば、親中派を切らなければアメリカはもう日本の未来には責任をもてない、ということです。安倍総理はその意味を正確に理解されていたと思います。

ただし、課題は残されたままになりました。二階幹事長は再任となりましたし、公明党は与党として残ります。「日本における中国の影響力」レポートの中で、公明党は「1964年の設立以来、日中関係の正常化促進が優先事項であると主張」する政党だと書かれ、2018年9月の山口那津男公明党代表の天津・南開大学訪問について「長年にわたる公明党の日中友好促進という立場が再確認され、中国共産党が後援する対外友好協会が池田大作氏（創価学会名誉会長）の日中関係への貢献を表彰した」と報告されています。

公明党対策は短期にはできません。自民党が公明党と縁を切ることができないのは選挙制度の事情です。1つの選挙区ごとに1名のみを選出する小選挙区制度下で、創価学会票をあてにして当選している自民党議員が少なからずいます。そういった議員の選挙環境をどうするかという問題が残ります。自民党が単独過半数をとったところで、公明党を切ることは簡単にはできないのです。

必要なのは保守の再編

「日本における中国の影響力」レポートで示唆された課題についてどう対応すべきか、親中媚中をどうしたら排除できるのかについては、私は、保守の再編以外にはないと考えています。

野党の旧民主党勢力は、再編とまではいきませんが、２０２０年9月、玉木雄一郎代表の国民民主党と枝野幸男代表の立憲民主党の2つにまとまりました。はっきりしたのは、国民民主党はいわば保守的な野党であるということです。将来、国民民主党との関係を自民党がどう考えるかということも一つの新しいファクターとして出てきたと言えるでしょう。

立憲民主党が立党してすぐに、共産党が急接近をかけたということが各メディアで報じられました。次期衆院選挙での選挙協力をちらつかせて、野党連合政権の樹立をもちかけたのです。

私には箸にも棒にもかからないような話に聞こえますが、立憲民主党の枝野代表は記者会見で「共産党とは3年、5年、10年の間にやらなければならないことについて相当な共通点がある」などと述べています。

どういう考えの持ち主なのか本当に疑問に思います。枝野代表は人民戦線という歴史をご存じないのでしょうか。共産党が唱える連合政権には危険が詰まっている、という歴史です。

人民戦線の一例は、１９３６年から１９３９年までスペインに存在した社会主義連合政権です。ファシズムの台頭を抑えるために共和派、社会党、共産党などが統一戦線を組んで成立させた政権とされています。共産党は国際共産主義指導組織コミンテルンの方針に従って、敵であるはずのブルジョワとの共闘を重視して支持を拡大し、連合政権の主力を占めるようになりました。

保守に対して野党が団結するにおいて、そこに必ず少数派の共産党が入り込むことを人民戦線方式と言います。共産主義勢力の古典的戦術です。共産党が政権を乗っ取るために人民戦線は形成されるのです。

野党連合政権とは、つまり共産党政権ということに他なりません。このことは政治の世界におられる方なら常識的にわかっていると思います。枝野代表もわかっていないはずはないのですが、優柔不断を決め込んでいるようです。そういった点から見ても、野党が今後の政治に対して意味をもってくることはないと思います。

自民党も必ずしも保守ではなく、本当の意味での保守政党ができる必要があります。そこに菅総理の本来の課題があるはずなのですが、どうもそういう考えはお持ちではないように思います。菅総理がことあるごとに口にする改革という言葉にそれを感じます。

グローバル化に直結する民営化という政策

菅総理は日本の改革ということを主張していますが、これは構造改革ということを指しています。

構造改革というのは、実は、これは日本伝統の制度を潰すということです。伝統的な制度というのは意味があるから存続しています。それにもかかわらず、伝統的な制度が経済発展の足枷(あしかせ)になっていると言い、奇跡の経済発展の源であった日本的経営方式などを潰してしまうというのが構造改革です。

実は日本は、東西冷戦終了後、この構造改革によってデフレ経済を招いたのです。国民一人当たりの所得がここ30年間で大きく減っています。こういう状況にある先進国は日本だけです。

構造改革の代表は、国家的事業の民営化ということです。１９８５年に始まり、日本電信電話公社のＮＴＴ民営化、日本専売公社のＪＴ民営化、87年には日本国有鉄道のＪＲ民営化が行われました。２００１年には、国立美術館や博物館、造幣局などの独立行政法人化が推進されました。

２００１年に始まる小泉純一郎内閣の、いわゆる聖域なき構造改革はきわめて伝統制度破壊的な改革でした。小泉総理と竹中平蔵国務大臣とのコンビで、道路公団の民営化、郵政民営化が推進されました。しかし、たとえば２０１９年に発覚した、日本郵政傘下のかんぽ生命保険における累計２１７０件の契約で法令・社内規定違反が確認され、関与した郵便局の保険販売員などが１７２５人にのぼるという不正販売問題は、民営化されたことで過度なノルマが生まれたのが原因だとも言われています。

民営化とは、実は本来、発展途上国において使われる言葉です。すでにお話ししたネオコンの理論的指導者ズビグニュー・ブレジンスキーの理論に登場する重要ワードです。

ブレジンスキーはアメリカが他国へ介入するにあたっては「民主化→民営化→グローバル市場化」という三段階のレジーム・チェンジ政策を実施すべきだとしました。発展の途上にある国に積極介入してまずは複数政党による民主的な選挙を実施させ、経済の民営化を推進する候補者、つまりはディープステートお気に入りの候補者を当選させる。そうしてできた政権下で民営化を進めて市場経済化を進め、外資による現地企業の買収を可能にしてグローバル化を達成しようという作戦です。

つまり、外資が自由に乗っ取れるようにその国の経済構造を改革するということです。民営化された経済を外資が乗っ取ればその国はグローバル化する、とブレジンスキーは言い、それは歴史の必然だ、と言うのです。

多くの人たちが無反省にありがたがっているグローバリズムというものがどういうものか、おわかりいただけることと思います。外資が我が物顔に自由に振る舞える社会および世界をグローバル化された市場というのです。

後進国と言っていいと私は思っていますが、途上国についてブレジンスキーは、まず民主化を要求して経済を民営化し、外資を呼び込んでグローバル化することで完全に自分たちのものにできると言っているのです。日本で展開している構造改革もこの流れの中にあることは明らかです。

先進国内で紛争を起こすためのポリティカル・コレクトネス

構造改革とは伝統的な制度を潰すということです。伝統ということが失われれば混乱が生まれ、政権奪取の闘争が生じやすくなります。

後進国においては、ブレジンスキーの三段階のレジーム・チェンジ政策が採用されますが、先進国においてはどのような作戦がとられるでしょうか。私たちはうかつにもここにあまり注意してこなかったように思います。先進国においてレジーム・チェンジは、ポリティカル・コレクトネスによって画策されるのです。

ポリティカル・コレクトネスは政治的正当性などと訳されています。言葉や行動に差別的な意味や誤解が含まれないように政治的に適切な用語や政策を推奨する態度、などと説明されています。

トランプ大統領が就任後初めてのクリスマスに、次のような内容のツイートをつぶやいて話題になったことがあります。

「人々は〝メリー・クリスマス〟と再び言えることを誇りに思っている。われわれが大切にする美しい言葉に対する非難に反対できることを、私は誇りに思う。メリー・クリスマス」

クリスマス休暇の時の挨拶は「ハッピー・ホリデー」という言葉を使うべきだという論調が高まっていたのです。キリスト教徒ではない人たちが気分を害するだろうから「メリー・クリスマス」は使うべきではない、というわけです。これがポリティカル・コレクトネスの代表例です。

ポリティカル・コレクトネスとは、少数派優遇政治のことです。アイデンティティー・ポリティクスと言う人もいます。

少数派優遇政治と言えば耳によく聞こえます。しかし、その実態は、あえて少数派をつくりあげて多数派と対立させ、そこに支持基盤をつくろうという政治的な作戦です。

ポリティカル・コレクトネスは、少数派と多数派を分断します。そこには紛争が生じます。2020年にアメリカに渦巻いた、人種差別反対運動とされるBLMの運動は、もともとは純粋な人種問題の側面もありますが、紛争を起こすために使われているという側面が今はよほど強いのです。

たとえばポリティカル・コレクトネスは、男女に差があってはいけないと主張して、女性と男性を分断します。実際には、法律上男女差別はなく、また人口で言えば女性の方が多いのですが、女性を社会的に少数派の扱いをします。

プロチョイスという言葉があります。人工妊娠中絶の合法化を支持するとともに産むか産まないかは女性の選択に任されるべきだとする主張のことです。

これはおかしいとすでにお気づきの方もいらっしゃるでしょう。人間の生命をどうするかというのは権利の問題ではありません。このような常識、基本的なことをさておいて、権利の問題にすり替えているわけです。

「産む産まないは女性の権利」だということであれば、では相手方の男性の権利はどうなるのかという話にもなるでしょう。また、プロチョイスを主張する女性に対して、あなたが今存在しているのはなぜなのか、お母さんがこの権利を行使しなかったから存在しているのではないか、と問いかけた場合にはどのような返答をするのでしょうか。

権利という言葉に人は洗脳されやすいものです。プロチョイスについても疑問に思わない人も多いのですが、命というものの本質を考えた場合、私たちはそこにある欺瞞（ぎまん）を見抜けるはずです。

命が誰かの権利であるはずはありません。常識的に考えればわかります。人は命を絶つことはできます。自殺する人もいますし、他人を殺す人もいます。しかし、私たちの意思だけで命を生むことは出来ないのです。命を望むことと命が宿ることとは別の話です。いわゆる人工授精を含め、命が宿るためには、人間や科学の力以外の何かが必要なのです。ですから、自らの力のみで宿ったのではない命を、勝手に処分してもよい権利はないのです。出産ということを権利の問題にすり替えているから、このような混乱が生じているのです。権利という言葉を使った破壊活動に注意する必要があります。

ポリティカル・コレクトネスは、様々な分野で「少数派と多数派」、「被害者と加害者」などと観念上一般化して、社会を細かく分断し、対立軸を増やして紛争を煽るための策略です。この理論的裏付けがフランクフルト学派の「批判理論」という戦術です。

ニクソン、フォード、レーガン大統領のスピーチライターなどアドバイザーとしても知られた政治評論家パトリック・ブキャナンは、２００１年刊行の著作『The DEATH of the WEST』（邦題『病むアメリカ、滅びゆく西洋』宮崎哲弥・監訳　成甲書房）の中で、フランクフルト学派が編み出した強力な文化闘争兵器として「批判理論」を上げ、《「西洋文化の主な要素を完全否定する批判。キリスト教、資本主義、権威、家族、家父長制、階級制、道徳、伝統、性的節度、忠誠心、愛国心、国家主義、相続、自民族中心主義、因習、保守主義、何から何まですべて」》と説明しています。提案ではなく批判に徹することで社会不安を生み出し、社会を分断する革命理論です。フランクフルト学派は、ドイツでナチスが台頭した時期、ユダヤ人取り締まり強化に追われてアメリカに亡命してきたリベラルをイデオロギーとするユダヤ人学者グループで、プロレタリアートの階級闘争の代わりに、大学の教員および学生をはじめとするインテリ層を理論普及のターゲットとし、勢力を拡大していきました。ポリティカル・コレクトネスはこうした勢力が主導する既存文化破壊革命のためのツールなのです。先進国にとって、目に見えにくいだけに今いちばん深刻な問題だと言うこともできるでしょう。

菅政権の誕生

報道されるニュース

菅総理は政策の継続性を重視した布陣で組閣。アベノミクスの第三の矢にあたる消費喚起のための規制緩和が期待される

菅総理は、就任後の記者会見で、安倍政権の取り組みを継承して前に進めていくことが使命だとし、新型コロナウイルス対策と経済活性化の両立を目指す考えを強調した。

内閣の布陣は、政権の移行に伴う影響をできるだけ抑えて政策の継続性を重視したものとなっている。20人の閣僚のうち、麻生太郎副総理兼財務大臣をはじめ8人が同じポストでの留任、横滑り閣僚が3人。安倍政権で経験したポストに再任した大臣が田村厚生労働大臣など4人おり、手堅い布陣となっている。

一方、こうした菅新政権に対して、野党側、また国民から、「安倍亜流内閣」、「顔ぶれに驚きはない」、「派閥に配慮した内向きの政権」などという批判も出ている。

ニュースの裏側にある世界の真相

菅政権の課題はすべて中国問題にあり、アメリカのメッセージを正確に捉えなければ短命政権となる可能性が高い

安倍前総理が辞任を選んだ背景には、中国問題があった。それも、アメリカとの関係における中国問題である。

CSISの「日本における中国の影響力」レポートの趣旨は、日本に浸透している中国の影響はたいへん危険である、というものだった。親中派を切らなければアメリカはもう日本の未来には責任をもてない、というメッセージである。

戦後、中華人民共和国の建国を支援して中国を大国に育て、また利用してきたディープステートは、2010年以降、彼らの覇権を奪うことを明言しはじめた習近平主席を敵と判断し、2020年に展開されたアメリカの対中強硬政策を見ればわかる通り、明らかに中国共産党政権潰しの局面に入っている。

反中に反対の立場

２０２０年9月16日に発足した菅政権の課題は1に中国2に中国、3、4がなくて5に中国、と言うことができるでしょう。

安倍前総理の辞任の背景にあった中国問題という課題から逃げることはできません。しかし、菅総理の場合、外交、こと対中国に関して、総裁選での発言、また、発足後9月25日に行われた習近平主席との電話会談の内容から判断する限り、率直に言って不安以上のものがあると感じています。

自民党総裁選は、菅官房長官、石破茂元幹事長、岸田文雄政調会長の3人で争われました。討論会が数度行われましたが、その中で中国問題が核心として議論されることはありませんでした。中国問題の対処ということが引き金になって安倍総理が辞任したのに、総裁選において深く議論されない事実が、日本の微妙な対中態度を象徴していると言えます。

中国について言及があったのは、9月12日に日本記者クラブ主催で行われた公開討論会においてだけだったと言っていいでしょう。かねがね石破元幹事長が提唱していたアジア版ＮＡＴＯに関して菅総理は次のように質問しました。日本記者クラブのウェブサイトに詳録が掲載されています。

「米中が対立している中で、アジア版NATOというのは、どうしても反中包囲網にならざるを得ないではないか。これは日本外交が目指している戦略的な外交から比較すると、正しくはないのではないかなと思います。国益に資する外交を進めていく観点から、アジア版NATOの意義をぜひご説明いただければと思います」

石破元幹事長の応答は次のようなものでした。

「集団安全保障の仕組みとして、たとえばアメリカ、ニュージーランド、オーストラリアにはANZUS条約（太平洋安全保障条約）というのがあります。日米安保がある。そして、米韓同盟がある。そういうものをネットワークとしてつなげていく。ハブ・アンド・スポークで、アメリカという国があって、そこから放射線状にいろいろな同盟が伸びていくのではない、国々をつないでいくシステムとして申しあげているのです。中国やロシアを排しているわけではありません。それは、価値観を同じくする国、自由、法の支配、そういうところがネットワークをつくっていく、それが新しい時代の安全保障というものです」

菅総理は、中国包囲網になるからアジア版NATOには賛成しない、とはっきり言っています。これが菅総理の本心というものでしょう。討論会といった、いわば白熱すべき場ではいきおい本心が出てしまうものだろうと思います。

発言からも受け取れますが、石破元幹事長の言うアジア版NATOは、アメリカに対抗しようという組織構想です。その加盟国の中には中国が含まれていることを否定できません。

2002年、小泉総理が東南アジアを歴訪した際に、シンガポールにおける演説で東アジア共同体という構想を提唱したことがあります。小泉総理は「まずは、ASEAN+3（日中韓）の枠組みを最大限活用すべきです。私達は、私達の地域の繁栄と安定を確保するために、本日私が申し上げたような広範な分野での協力を進めていくべきです」（外務省ウェブサイト・演説記録）と述べました。日本、中国、韓国の3カ国にASEAN（東南アジア諸国連合）を加えた枠組みによる共同体を設立しようという構想です。

アジア版NATOは東アジア共同体と同じく絵空事です。そのような構想に対して何も真面目に質問などする必要はないでしょう。中国に配慮しているとの本心を漏らすことで、自らボロを出してしまったとしか言いようがありません。

開放政策を推進した官房長官時代

菅総理は官房長官時代、外交は事実上やっておらず、国内問題の元締めとして活躍されました。安倍政権のもとではいくつかの日本開放政策が進められましたが、その大元が菅総理でした。

２０１６年12月にＩＲ推進法が公布・施行されました。カジノを中心にホテルやテーマパーク、商業施設などを一体として整備するＩＲ（Integrated Resort　統合型リゾート）の設立を推進する基本法です。カジノ解禁につながるので、「カジノ法」「カジノ解禁法」「カジノ推進法」とも呼ばれています。内外から観光客を呼び込むためにカジノをつくるというわけで、その候補地には菅総理の選挙区である横浜も入っています。

そもそも、日本の法律なのに何故ＩＲという英語を使うのかという基本的な疑問を感じざるを得ません。ＩＲ法の胡散臭(うさんくさ)さは、この点からも明らかです。

２０１９年４月には改正出入国管理法が施行されました。外国人労働者の数を増やして国内の人材不足を解消しようという趣旨で施行された法律で、在留資格に「特定技能」という新たな枠が加わりました。条件によっては長期の滞在や配偶者や子の帯同も許可される法律です。つまり、日本に積極的に低賃金移民労働者を入れていこうというものです。

２０１９年5月にはアイヌ新法が施行されました。正式名を「アイヌの人々の誇りが尊重される社会を実現するための施策の推進に関する法律」といいます。そもそも、「アイヌの人々の誇りが尊重される社会」の実現を目指す法律であるとの触れ込み自体、まるでこれまで日本人がアイヌの人々の誇りを尊重してこなかったような書きぶりです。こんなところに、「先住民族を含む少数民族は常に差別されてきた」というポリティカル・コレクトネスの呪縛に雁字搦めになっている様子が窺えます。日本はアイヌ保護の施策を実施してきたにもかかわらず、国連が言っているからと日本の歴史を無視して飛びついている人たちがいるのです。

第1条に、「日本列島北部周辺、とりわけ北海道の先住民族であるアイヌの人々」、つまりアイヌが先住民族であることが明記され、「当該認定を受けたアイヌ施策推進地域計画に基づく事業に対する特別の措置、アイヌ政策推進本部の設置」など、アイヌが特別に保護されることが定められています。これは、日本を少数派と多数派に分断する戦略に沿った法律だと言うことができます。

アイヌが先住民だというのは歴史的に全く根拠のないことです。そして、それを根拠とした特別保護は、治外法権を許してしまう可能性があります。北海道はもともとアイヌの持ち物だったと言えば日本人は皆そこから出ていかなければならないということが論理的には可能になります。そういうことを法律で決めてしまうというのはどういうことでしょうか。全くうかつだった、ということなら、許せるわけではありませんが、まだましです。知っていて、狙ってやったとすれば、これは完全に日本を解体しようとする戦略であると言わざるを得ません。

観光立国は後進国の策

私はかねてから「観光立国」ということを問題にしています。

観光立国という言葉が公的なものになったのは、２００７年１月の観光立国推進基本法の施行によってでしょう。翌年には観光庁が発足しています。訪日外国人旅行者１０００万人の目標が掲げられましたが、リーマンショックや東日本大震災などもあり、第二次安倍政権まで達成されずにきていました。

第二次安倍政権が発足して初めての通常国会の施政方針演説で、安倍総理が、海外の成長を取り込むという方針の流れの中で「観光立国」の推進を表明し、インバウンド（訪日外国人旅行）の推進戦略が注目されることになりました。

２０１８年は訪日外国人数は３１１９万人、消費額は４兆５１８９億円でした。２０１９年は日韓関係の悪化で韓国からの訪日旅行が減少したものの訪日外国人数で３１８８万人、消費額で４兆８１３５億円の過去最高を記録しました。２０２０年１月の施政方針演説で安倍総理は２０３０年には６０００万人目標の実現を目指すと述べていました。

しかし、観光庁の発表によれば、日本人国内旅行消費額は２０１９年の年間値で21兆９３１２億円です。日本人による国内観光を推進する方が、地方再生にははるかにメリットがあるということはこの数字からも明らかでしょう。

観光で国を繁栄させるというやり方は後進国のものです。日本のような先進国がなぜ観光に頼らなければいけないのかという疑問がまずあります。

東西冷戦以後、日本はずっとデフレ政策をとらされてきました。２００８年のリーマンショック後、欧米先進諸国が大幅な金融緩和を行う中で日本だけが行わないなどといった、デフレ政策をとってきたという側面もあるのですが、やはり、デフレ政策をとらされたといった方がより正確です。

そうした流れの中で、日本の経済を回復させる手が観光振興のみ、観光立国となるしかないとしたら、これは、日本は本当に後進国に成り下がったとしか言いようがありません。フランスは世界最大の観光客受け入れ国ですが、フランスは何も観光立国などと宣言していません。観光に来てくださいとも言わず、来たければどうぞ、と言っているだけです。夏のパリに行けば、フランス人はほとんどいません。バカンスに出かけています。カフェでも、移民労働者がコーヒーを運んできます。おもてなし、などといったことは行いもしないし、言いもしません。それでも、フランスに観光客はやって来ます。

私は、本来、日本もそうあるべきだと思います。観光立国などと言わずとも、外国人観光客は来るはずですし、将来的にも、おもてなしおもてなしとアピールしなくてもやって来るはずです。

それだけの観光資源は日本にあるのです。何もたたき売りをする必要はありません。観光立国になりますから日本へ来てくださいなどというのは、貧乏根性だと思います。

菅総理は2020年12月に総理大臣官邸で行われた第41回観光戦略実行推進会議に出席して、「我が国地方経済にとって不可欠な観光業」と発言しました。次章で詳しく述べますが、菅総理は観光立国ということを真剣に考えておられるようです。地方経済にとって不可欠な観光業ということは、地方にさらに中国人を呼び込むということです。外交はもちろんなのですが、私は、菅政権の国内開放政策についても危惧しているところが大いにあります。

ネオコンの教育を受けた閣僚

河野太郎氏はマスコミ受けのする、また、ネットにおいても持ち上げられる、人気の高い政治家のひとりでしょう。菅内閣においては、行政改革担当大臣に就任しました。大衆受けを担って行革をやろうとすれば、必ず躓(つまづ)きます。私は外務省から当時の行政管理庁に1977年から79年まで出向し、行政改革を担当したことがありますが、省庁の抵抗が大きく簡単にできるものではありません。河野氏は2021年1月、新型コロナウイルスワクチン接種担当大臣も任されました。このような大臣ポストが必要なのか、大いに疑問を感じます。コロナ関連では、担当の厚生労働省に加え、西村経済再生担当相が関わっています。これだけでも、二重行政になっているのですが、さらにワクチン担当を置いたのですから、三重行政となります。これでは、スムーズな対策は望めないばかりか、かえって行政を混乱させる結果となるでしょう。ワクチン担当大臣となれば、実績を挙げなければなりません。功績至上主義になりかねないから危険なのです。

河野氏は防衛相時代に陸上配備型迎撃ミサイルシステム「イージス・アショア」の配備停止を主導したことから、霞が関では「破壊者」として恐れられているそうです。菅総理が「ぶち壊すのは河野にやってもらう」と話したとも伝わります。事実、行政改革担当大臣に就任してすぐに「縦割り110番」を設置したり、ハンコ廃止を進めたりしました。

行政改革において、制度は、潰せばいいというものではありません。潰してしまえというのは、ロシア革命、共産主義革命と同じ発想です。河野氏がその主義だと言っているわけではありませんが、発想はよく似ています。

新しい制度は、既存の制度を潰しただけでは出てきません。それがロシア革命ならびにあらゆる共産革命の失敗から学ぶべき歴史の教訓です。

物事を壊したのでは創造はできません。創造とは、日本の伝統においては「復古」です。復古によって創造はできる、ということです。今まで続いている日本の制度は、その中に制度疲労を起こしているものはあるものの、いいものであったから続いてきているわけです。悪いものであれば続いているはずがありません。

長年の間に特定の利権と結びついてしまったりしている、そういうところは改革する必要があるのですが、現代の行政組織をとにかく潰せばいいということにはなりません。規制は改革さえすればいいものではなく、必要だから規制があったというのは忘れてはいけないことです。規制は規制であること自体が悪い、という考え方は偏向した政治的イデオロギーで、必ず失敗します。

河野氏はジョージタウン大学を卒業されています。ジョージタウン大学はネオコン系の大学としてつとに知られている大学です。最近、指導者や助言者のことをメンターと呼ぶのが流行りのようですが、ジョージタウン大学での河野氏のメンター、つまり指導教官はマデレーン・オルブライトでした。クリントン政権で国務長官を務めた女性です。ネオコンの闘士であり、コソボ紛争をはじめ、各国の内政に干渉したことで知られています。この人の下で勉強したのであれば、さぞやディープステート特有の発想を身につけているだろうと考えるのは当然のことでしょう。

２０２０年の総裁選に河野氏が出馬するなら支持すると明言した小泉進次郎氏はＣＳＩＳ（戦略国際問題研究所）に研究員として在籍していました。当時ＣＳＩＳ日本部長だったマイケル・グリーン氏の秘書を務めていたとも聞いています。

マイケル・グリーン氏はジャパン・ハンドラーズの代表的人物です。ジャパン・ハンドラーとは、日本を飼いならす者、という意味です。ディープステートの一員として日本をコントロールしてきました。有名なジャパン・ハンドラーとしては他に、ブッシュ政権で国務副長官を務めたリチャード・アーミテージという人がいますが、彼も小泉進次郎氏をたいへん可愛いがっていると聞いています。

日本経済の源流がある天照大神の神勅

菅内閣は、改革ということを盛んに口にします。これは構造改革のことであり、日本の伝統的な制度を破壊するということです。1985年の「プラザ合意」以降アメリカから要求されて構造改革を進めてきた結果、日本は経済的停滞だけではなくて精神的な停滞も招くことになったように思います。

その元凶のひとつが派遣労働です。1986年に労働者派遣法が制定され、人材派遣そのものの認可が、ソフトウエア開発や通訳・翻訳・速記、秘書など専門的な13業務に限って認可されました。その後、改正ごとに認可された業務数は広がっていきますが、200

4年に製造業務への労働者派遣が認可されて以降、派遣労働が常態化されていきます。これを推進したのが小泉内閣で経済関係の閣僚を歴任した竹中平蔵氏でした。

それまでは家族的経営が日本の伝統的な企業経営の方法でした。大企業のほとんどは家族的経営で、終身雇用を基本としていました。終戦直後の一時期を除いて、紛争に近い労働運動は日本には必要がありませんでした。

この紛争というものの必要性を生むためには労働者を分断する必要がありました。そのための画策が派遣労働の拡大です。労働者を派遣労働者と正規労働者に分断し、対立軸をつくったわけです。

日本は今、右肩下がりの経済状況を改めなければならない状況にあります。規制を改革すれば経済が上向くなどと言い続けている人が政治家の中にも評論家の中にもいますが、それは、かつて共産主義者がソ連が失敗した時に自己弁解するのに使った言葉です。ちゃんとした共産主義ではなかったから失敗した、本当の共産主義思想でやればうまくいったはずだと言うわけですが、これは単なる観念論で根拠は何もありません。左翼特有の言葉による論理のすり替えです。それと同様に、日本の経済が上昇しないのは規制改革が不十分だからだという論理を振りかざします。これも同様のまやかしの論理です。

日本の経済思想の源流は、古事記・日本書紀に書かれた日本神話に表れています。天孫降臨に際して、天照大神はニニギノミコトに、稲穂とともに「斎庭稲穂（ゆにはのいなほ）の神勅」という言葉を授けます。

「吾が高天原にきこしめす斎庭の稲穂をもって、また吾が児にまかせまつるべし」

高天原では農業をやり、お米をつくっていました。その稲穂とともに降臨し、瑞穂（みずほ）の国つまり日本を栄えさせなさいという神勅です。

日本の成り立ちは稲作に始まります。つまり、物づくりの精神が日本を支えて、日本を繁栄させてきました。

しかし、構造改革によって、物づくりを下に置いてしまいました。日本はもう物をつくらなくていい、中国につくらせて輸入すればいいということになったわけです。これがグローバル化したサプライチェーン（供給連鎖）ということです。

中国の安い労働力ということが言われますが、憚（はばか）らずに申しますが、中国の場合は奴隷労働です。経済が良くなれば労働賃金が上がるのは当然のことであり、国際的競争力がなくなっていくのは当たり前のことです。しかし中国はまだ輸出に強く、なおかつ、国内には大富豪がいます。どういうことかと言えば、奴隷労働がそのままに残り、中国共産党幹部が搾取し続けているということです。

これほどわかりやすいことをテレビも新聞も言いません。中国のサプライチェーンは日本にとって重要だなど、そういうことばかりを言い募ります。サプライチェーンを中国に依存する限り日本人の給料はどんどん下がっていき、私たちはどんどん貧しくなっていくわけです。

日本は真剣に舵を切り直さなければならない時期に来ています。トランプ大統領が中国とは経済的にデカップリング（切り離し）する政策をとったのは実に正しいのです。物は日本でつくればいいのです。たとえば、コロナ禍の中で日本は、ただちに世界がこぞって求めるほどの質の高いマスクをつくって供給を開始しました。物作りの精神、「斎庭の稲穂の精神」があるからこそできることです。

かつてのメイド・イン・ジャパンは、単なる物ではなく、「日本の精神が宿っている物」でした。そこが評価され、世界の人たちはこぞって日本製品を求めました。ウクライナをはじめ私が勤務した多くの国で、「私たちは日本製品が欲しい。ただし、メイド・イン・ジャパンの日本製品だ」という声をずいぶん聞きました。当時はすでに中国だけではなく東南アジア諸国でも日本製品をつくっていましたが、パナソニックやソニーの電器製品であったところで、そういう製品はいらないと言うのです。

私の知り合いのウクライナの日刊紙の編集長が、日本を取材旅行した、その印象を語ってくれたことがあります。滞在の最後の日に日本の何がいちばん気に入ったかと聞かれて、それは日本人そのものだと答えた、というのです。なぜなら、日本でつくられた素晴らしい物には、日本人の精神が宿っているからだと。

日本人にとっては物も同胞です。それは、物がなかなか捨てられないという気持ちにも表れています。捨てられないどころか、針供養や包丁供養に代表されるように、日本人は感謝を込めて供養までするのです。

そういう気持ちがなくなれば、日本の経済は他の国の経済と変わらないものになるでしょう。日本製品が国際競争力を失った理由もそこにあると思います。製造業の多くが低賃金の外国に移転してしまい、そしてまた、日本の中に外国人労働者を入れて低賃金で働かせています。物づくりを旨とする伝統的な日本的経営方式が崩れた結果、精神を吹き込むような物づくりができなくなってしまいました。メイド・イン・ジャパンではダメで、メイド・イン・ジャパン・バイ・ジャパニーズでなければ世界は評価しないのです。

保守の試金石

「斎庭の稲穂の神勅」とともに天照大神がニニギノミコトに授けた重要な神勅が他にもあります。「天壌無窮の神勅」です。東京都神社庁のウェブサイトに整理されているものを紹介します。

「豊葦原の千五百秋の瑞穂の國は、是、吾が子孫の王たる可き地なり。宜しく爾皇孫、就きて治せ。行矣、宝祚の隆えまさむこと、当に天壌と窮り無かるべし」

（豊かで瑞々しいあの国は、わが子孫が君主として治めるべき国土です。わが孫よ、行って治めなさい。さあ、出発しなさい。皇室の繁栄は、天地とともに永遠に続き、窮まることがありません）

日本という国は、天照大神の直系である天皇が「しら」（治）す国、とりまとめる国だということです。つまり、直系であることが重要なのです。したがって今まで、天皇は万世一系であり、男系父系による皇統が守られてきました。

女系天皇、あるいは女性宮家の創設といった議論は、その直系の伝統を崩そうというものです。この点に関して菅総理ははっきりとした表明をされておりませんが、たとえば、河野太郎氏は、総裁選出馬が噂されている時期に、女系天皇容認論を述べました。

万世一系、男系による皇統は、どうしても守っていただかなければならないものです。保守再編ということの「保守」の試金石はここに尽きます。菅総理が国民の支持を受けることができるか否かは、この一点にあると言っても決して過言ではないでしょう。

第5章

ポスト・コロナにおいて日本の進むべき道

麻生財務相の「日本人は民度が高い」発言

コロナ禍による日本の死者数が欧米諸国より少ない理由を「民度が高い」とするのは他国を貶める発言だ

報道されるニュース

2020年11月26日、麻生太郎財務相が東京都内で行われた講演で「民度が高いって言ったらぐちゃぐちゃ言われたが、世界中が日本の民度が高いと言っているんだからいいじゃないか」と発言。麻生財務相は同年6月4日の参院財政金融委員会で、他国の人から「お前らだけ薬を持ってるのか、ってよく電話がかかってきた」と明かし、「そういった人たちの質問には『お宅とうちの国とは国民の民度のレベルが違うんだ』と言って、みんな絶句して黙るんですけれども」と述べ、批判を浴びていた。

東および東南アジアの状況を見れば、日本が格段に少ないとは言えない。百万当たりの感染死亡者数が日本より少ない国があることも事実。欧米の数字だけを挙げて比較するのは、欧米諸国を貶めることにしかならず、日本全体が海外から誤解を招くことにしかならないだろう。

ニュースの裏側にある世界の真相

今回のコロナ禍は、日本人の伝統的な生活習慣のメリットを見直す契機であると考えるべきだ

身体的距離の確保・マスクの着用・手洗いの3つを基本に、人との間隔は最低1m、できるだけ2m空けてソーシャルディスタンスを保つ、密閉・密集・密接の3密を避けるなど、いわゆる「新しい生活様式」は、2020年の5月4日、政府の新型コロナウイルス感染症対策専門家会議が提示したものである。

これが「新しい生活様式」と呼ばれることに抵抗感を感じる人は少なくない。引き続く可能性のある感染の波を予防するためには、これまでと異なる何らかの生活態度は必要になるだろう。しかし、本当の意味での新しい生活様式は、私たちの伝統的な生活習慣のメリットを見直すということから出てくる健康志向の暮らしの復権である。

感染者数と日本人の生き方

私は普段は新型コロナウイルスという言葉は使いません。武漢ウイルスあるいは武漢肺炎と呼んでいます。ただし、新型コロナウイルスという言葉を使った方がわかりやすい場合もありますから、本書でもそれは使い分けています。

メディアは武漢ウイルスという言葉は使いません。その理由を、WHO（世界保健機関）が特定の地域や民族に対する差別や経済的な悪影響を防止する観点から感染症の病名に地名を使わない方針を定めているからだ、としています。

しかし、裏を返せば、中国の責任を不問に付すという底意が見られます。不問に付すどころか、日本のメディアの報道を見る限り、最近では、そもそも中国で発生した感染症であるということすら、多くの人が忘れているような状況です。

あらためて申し上げておきますが、日本における初めての感染者は中国人です。武漢市滞在後に日本に帰国した、神奈川県在住の30代男性中国人でした。当時、ほとんどのメディアは神奈川県在住の30代男性とだけ報じていました。何を恐れているのか、という疑問は当然でしょう。

２０２１年１月20日の厚生労働省発表データによれば、各国の武漢ウイルス感染者数および死者数の累計数上位10カ国は次のようになっています。前の数字が感染者数、後が死者数です。

米国　２４２４６８３０／４０１５５３
インド　１０５９５６３９／１５２５５６
ブラジル　８５７３８６４／２１１４９１
ロシア　３５７４３３０／６５６３２
英国　３４７６８０４／９１６４３
フランス　２９９６７８４／７１４８２
イタリア　２４００５９８／８３１５７
トルコ　２３９９７８１／２４３２８
スペイン　２３７０７４２／５４１７３
ドイツ　２０７１６１５／４８９９７

日本は、２０２１年１月20日時点で感染者数３３９７７４、死者数４６４７です。人口や経済活動規模から考えても、日本の数字はきわめて低いものとなっています。

２０２０年中盤時点の数字ですが日本の人口は約1億２５８０万人、10位のドイツは８３１０万人。きわめて単純な数値比較になりますが、10位のドイツが感染者が40人に１人なのに対して日本は３７０人に１人、死者数はドイツが１７００人に１人なのに対して日本は２７０００人に１人です。亡くなられた方はたいへんお気の毒であり、申し訳ない言い方になるのですが、世界全体から見て日本の武漢ウイルス感染は軽度で済んでいるということになるでしょう。

なお、ここがたいへん重要なところですが、先に挙げた厚労省の発表には、その数字自体にたいへん疑問があります。陽性者数＝感染者数ではありません。感染者数に含めて発表し、恐怖を煽っているのです。今後、「正確な」情報提供が必要であることは言うまでもありません。

数字に関しては疑問があるものの、いずれにせよ日本のコロナ禍がこの程度でおさえられていることは、科学的な根拠や理論があるわけではありませんが、やはり日本人の生き方そのものに関連があるのだろうというふうに考えてみるのが自然でしょう。

箸と発酵食品

もちろん中国とも違うのですが、私たち日本人の生活習慣そして食生活は欧米とは根本的に違います。日本人は清潔好きだとよく言われますが、今回のコロナ禍が起こる以前から、基本的には外から帰ったらうがいをして手を洗う習慣を多くの方が身につけていました。

尾籠（びろう）な話になりますが、トイレのあとに手を洗うことは常識だと日本人は思っています。ところが世界にはトイレのあとで手を洗わない国が少なくありません。むしろ多いのです。日本人は、食事の前に手を洗わないと落ち着きません。また、食べる時には箸を使います。欧米では、パンをちぎって、そのまま、誤解をおそれずに言えば菌にまみれた手のままで食べます。

私には外務省から派遣されて、イギリスで勉強していた時期があります。時にいたずらな学生がおり、土足で学生食堂のテーブルの上ではしゃいでいるその足元にポンとパンが置いてあり、他の者も平気で汚れた手でパンをちぎって食べている、そんな食生活でした。日本とは、１８０度違うと言えるかどうかはわかりませんが、やはり違っているのです。

食べるものの違いということで言えば、日本人は、味噌あるいは醬油、納豆といった発酵食品を頻繁に口にします。昨今、健康に良いと言われている発酵食品ですが、私たちが発酵食品を食べるのは普通のことで、別に発酵食品が健康に良いからということで、頭で考え納得して食べているわけではありません。

たとえば、お味噌汁一つにしても、私たちは日本の伝統的食習慣としていただいているわけです。

そうした発酵食品がウイルス感染の抑制に何かプラスの影響を与えているのではないかということが、今、医療関係者も含めて、盛んに言われています。たとえば、2021年2月、長崎大学が、発酵食品に多く含まれる「5-アミノレブリン酸」、通称「5-ALA（ファイブアラ）」と呼ばれるアミノ酸が新型コロナウイルスに対して強い感染抑制効果があることを発見したと発表しました。今後さらに専門家の研究が進むことと期待しています。私が言いたいことは、人間が現代の先端技術だけで疫病などをコントロールしようとしても、そこには必ず限界があるだろうということです。伝統に学ぶことは多くあるはずで、もう少し謙虚になる必要がある気がします。

伝統的生活習慣のメリット

私たちのまわりには、目には見えない、自らの力ではコントロールのできない世界が存在しています。そういったことを含めて、私たちの生活というものは成り立っています。そういうふうにあらためて考えた時に、私たちの生活態度は、ほんの少しかもしれませんが変わっていきます。このことこそ、今回のコロナ禍から汲むべき教訓のように思います。

現在、巷(ちまた)では「新しい生活様式」ということが強調されています。政府からメディア、メディアに登場する解説者を含め、すべての人が一致して新しい生活様式ということを言っています。

社会的距離を保ちましょう、3密を避けましょう、仕事はテレワークで行いましょうなど、そういったことが新しい生活様式だというわけですが、私にはそれが特に強調されるべき新しい生活様式のようには思えません。そう感じている方は多くいらっしゃることと思います。

もちろん、第四波もしくはその後と続くかもしれない感染爆発を予防するうえでの方法論のひとつとして必要かもしれません。しかし、おそらくもっと重要なことが私たちの今後の生活のテーマとして存在するのだと思います。

本当の意味での新しい生活様式とは何かと言えば、私たちの伝統的な生活習慣のメリットを見直すことで生活態度が変わっていく、ということでしょう。

私たちは今まで、伝統的な生活習慣のメリットといったことを意識せずに生活してきました。意識などしてないのに守られていた、ということです。そういうことに思いを馳せてもいい契機が今やってきています。

ところが、戦後の唯物論教育で凝り固まっている人たちは、こうした話をしたがりません。日本人がそれこそ何千年間にもわたって伝統として受け継いできた様々な面における生き方、日本人の健康に合っているような生き方をしてきたことに対する感謝への思いを過小評価します。

これでは、何のためのコロナ禍であったか、今回の武漢肺炎騒ぎであったかということになりかねません。

唯物論という宿痾

私はかねがね、これからはますます目に見えないものの価値が重要になる、と考えてきました。日本におけるコロナ禍が世界に比較して軽度のものに抑えられているのは、目に見えない価値を無意識的にせよ尊ぶ生き方、知らず知らずのうちに送ってきた食生活や健康的生活に理由があります。

こうした、伝統的な生き方、現代の科学万能主義的視点からはあまり顧みられていない目に見えないものの価値、に思いを馳せることができるかどうか、これが今後、国家の生存にとって決定的な違いとなって表れてくることでしょう。

２０２０年、秋頃にいったん収束の兆しを見せた感染は、11月下旬、第三波となってぶりかえしました。当初、埼玉県・千葉県・東京都・神奈川県の１都３県に出された緊急事態宣言はその後、栃木県・岐阜県・愛知県・京都府・大阪府・兵庫県・福岡県の計11都府県に対するものとなりました。

過去のパンデミック、１９１８年から１９２０年にかけて流行したスペインかぜなどを見る限り、後からやってくる感染の波はより厳しく、ウイルスが強いものとなっているというのが歴史の教訓です。

そうしたことに対する備えをどうするか。するべきことは、社会的距離を保つ、3密を避ける、マスクをつけるといったことだけではありません。やはり、目に見えない価値のありがたさに想いを寄せる、感謝をする気持ちというものがこれからは実は重要になるのだろうと思います。

繰り返しになりますが、ここには科学的な根拠はありません。しかし、それは唯物論の視点から根拠がないと思いこんでいるだけで、実は真実はそうしたことにこそあるのかもしれません。

そうでないかもしれない以上、私たちは、目に見えない価値に対してこれまで以上に想いを寄せるという心構え、心の持ちようが決定的に重要になってくるのではないかという気がしています。

唯物論は、戦後教育を受けてきた日本人の性（さが）のようなものです。宿痾（しゅくあ）、あるいは欠陥とも呼ぶべきものです。目に見える根拠、科学的とされる根拠がなければ物事を信じないように教育されてきました。

それにもかかわらず、と私はあえて申しますが、今回の武漢肺炎の騒動によって私たちは、目に見える根拠ではないものに守られてきた、ということをあらためて知ったのではないかという気がするのです。

こうしたことは、科学的な視点のみでウイルスの問題を分析するという態度からは出てこないものでしょう。今後、ワクチン開発など、いわゆる科学的・医学的な対応は進むのだろうと思います。同時に、世界的にそういう傾向となることは望めないにせよ、少なくとも私たちの日本においては、この危機を目に見えないものの価値を考え直してみる契機にすべきだと思います。

農業にみる危機の教訓

目に見えないものの価値というもののひとつに、日本の伝統的な食生活に、意識することなく私たちは守られてきたということがあります。私は、地産地消つまり地元でつくったものを地元で食べるということの重要性をいろいろな機会にお話ししてきました。日本食の伝統的な食文化において、地産地消の重要性があらためて明らかになってきたのではないかと思います。これは非常に大きな、様々な、意味を含んでいます。今の日本の農業の実態がどうなっているかを考えることで見えてきます。

農業は日本の根幹です。前章で述べたように『古事記』の時代に、「農業は日本を繁栄させる基本である」ということがすでに謳われています。邇邇藝命（ニニギノミコト）が高天原から降臨される時、天照大神は稲穂を渡し、「これで日本という国を栄えさせ、繁栄させてまとめなさい」とおっしゃったという神話があります。「斎庭稲穂の神勅」と呼ばれているものですが、この精神が農業のみならず日本のあらゆる産業活動の基本です。

現在、農業従事者がかなり少なくなってきており、外国から賃金の安い労働者を技能研修生として迎え入れています。技能研修生制度の欠陥はありますが外国人が農業に従事すること自体は悪いことだとは言いません。しかし、生産コストを下げることは必要かもしれませんが、低賃金労働者を使ってコストダウンを図ることはいけません。

問題は、農業振興の名の下、攻めの農業などと称して輸出のための農業ということを宣伝し始め、実際に政策をとりつつあるというところです。農業を企業化し、利潤最優先主義にしてはいけません。

私は、輸出農業は、そもそもの本来の農業のあり方に反すると考えています。農業政策において目指すべきことは、日本の食料自給率を上げることです。農林水産省の発表によれば、2018年度の実績ではカロリーベースで37%。食料自給率の過去最低を記録しました。

攻める農業と称して、たとえば高級食材を中国富裕層のために輸出するという農業のあり方は根本的に間違っています。もちろん私は農業の輸出自体を否定するものではありませんが、本来は余ったら輸出する、ということです。

高級和牛をつくって世界の金持ちに売る必要は毛頭ありません。下品な言い方になりますが、まず日本人がその恩恵に浴して美味い和牛を食べ、なおかつ余裕があれば海外に輸出してもいいという話です。今は、輸出のために和牛をつくる、という構造になっています。

今回のウイルス危機の大きな反省点として気づかなければいけないのはこうした問題だ、ということです。

観光立国という無理

前章ですでに触れましたが、観光立国という言葉も問題です。観光立国というのは途上国的な考え方であり、何も世界に対して日本に来てくださいと言う必要はありません。そうすること自体がすでに外国に対して弱みを見せていることになります。

菅総理が経済ブレーンのひとりとしている在日イギリス人経営者デービッド・アトキンソン氏が書いた『新・観光立国論』（東洋経済新報社、2015年）という本があります。その中で氏は、GDPは人口に比例するので人口減少の一途にある日本が貧しくならないためには人口を増やすしかないが人口増は考えられず島国・日本には移民政策も向いていないので短期移民（海外からの観光客）を増やすしかない、2030年までに8200万人を招致することも不可能ではない、と述べ、インバウンドという言葉が盛んに叫ばれるきっかけとなりました。アトキンソン氏は、2020年10月、安倍政権下でアベノミクスを議論してきた「未来投資会議」を廃止して菅政権が設置した「成長戦略会議」のメンバーに起用されました。菅政権は観光立国という言葉に疑問のひとつもないようです。

日本の良さに触れたいと思う外国人は、何も言わなくてもやってきます。ビザを緩和するなどの無理をすれば、治安維持の観点から見て怪しげな人もたくさん入ってきます。排外主義ということではありません。無理をして観光立国を推進すれば、害悪をもたらすことになるということです。

政府は盛んに、何千万人構想ということをアナウンスします。観光のための目標を立てて人を呼び込むということ自体、本末転倒です。別に、日本の観光資源が年々増えているわけではありません。外国人観光客だけを何千万人も呼び込んでどうするというのでしょう。日本の観光地がいたずらに外国人で溢れかえるばかりです。

観光とは、「光」を「観」る、ということです。爆買いしたり、ちょっと美味しいものを食べるだけにやってくるわけではありません。それは一種のビジネスの一端みたいなものに過ぎず、観光というものにはもっと違った意味があります。

外国人が好む日本の本当の観光地は、おざなりの観光ガイドに並んでいるような誰もが知っている有名どころの観光地ではありません。なんでもない地方の風景です。川が流れていて森があって集落があり、遠くには山がある、何でもない風景に魅力の「光」を「観」ている外国の方が少なくありません。

それを、観光庁を設置して、観光客を無理して呼び込んでいるのが現状です。光を観る余裕のない人までも呼び込んでいるということですから、私は観光立国政策そのものが誤りだと思いますし、今後は観光立国政策というものはあらためざるを得なくなるだろうと思っています。

そして、日本の農村風景で美しい山を里山などと呼びますが、たとえばこの里山に光を観ている多くの外国人がいるということについて多くの日本人が気づいてないということが大きな問題です。日本の山を平気で外国人、特に中国人に売り渡しています。

国際ニュース通信社ロイターは２０２０年8月、「外国資本による土地買収が引き起こす諸問題」というタイトルの記事で、北海道における次のような実態を紹介しています。

「北海道庁によると、２０１８年に外国資本に買収された森林は21件、１０８ha（東京ドーム23個分、うち中国資本によるものが13件）、日本国内にある企業で、かつ資本の半分以上を外国資本が占める企業による買収が7件、58ha（東京ドーム13個分、うち中国資本によるものが2件）、外国資本による森林買収は合計１６６ha、28件にのぼる。その他中国と関係のある日本の農業生産法人、日本人名義であっても中国と関係の深い日本企業、中国企業が土地を取得した日本企業を買収して、そのまま所有権を引き継ぐ場合など、さらに多くの土地が中国資本に買収されている可能性もあり、その実態がよく把握できていないのが現状だ」

そこには日本の山や森林の価格が安いという問題もあります。私は京都の田舎に生まれ育ち、家が山林を少し持っていたからよくわかります。維持費で赤字になります。

日本の山が外国人に買われるという状況には、日本の森林政策そのものにも問題があります。ひと山で１００万円にもならないというようなことであれば、ポンと目の前に金を出されれば、たいていの人は売ってしまうことになるでしょう。売る方を単純に責めるわけにはいきません。責められるべきは日本の森林政策、林業政策であると思います。

今回のコロナ禍を契機にして、こういったことを見直さなければいけないのです。林業政策、森林政策を見直す最後のチャンスであるかもしれません。農地も、これからどんどん外国人に売り払われる可能性があります。

そうなれば、日本の農業がつくりあげてきた、私たちの目に見えないかたちで今回の新型コロナウイルスに対して免疫力の強化に役立っていたのではないかと思われる日本の伝統食が失われる危険を迎えてしまうのです。

WHOの「新型コロナウイルス起源」調査団が中国・武漢へ

報道されるニュース

中国の入国拒否で遅れていた調査団が武漢に入り、中間報告として中国の初期対応の失敗およびWHOの対応遅れを指摘した

2021年1月14日、新型コロナウイルスの発生源を調べるWHO（世界保健機関）の調査チームが中国・武漢市に到着。調査は当初、同月上旬に開始される予定だった。調査チームが中国入国を拒否されたことで遅れていた。

調査チームは同月18日に中間報告を発表した。中間報告は「中国は地方単位でも国単位でももっと厳格な対応をとるべきだったのは明らかだ」と批判。WHOに対しても「なぜ緊急会合が2020年1月第3週まで開かれなかったか、なぜすぐに緊急事態宣言を出せなかったかはっきりしない」と対応に疑問を呈した。

中国外務省の華春瑩（Hua Chuning）報道局長は批判に対して「十分な情報がなくても早期に発見し、隔離と治療を行って感染者と死者数を抑えた」と主張。なお、WHOは

中国寄りだとして批判してきたトランプ政権はＷＨＯ脱退を通告していたが、バイデン大統領は大統領令で復帰を決めた。

ニュースの裏側にある世界の真相

ＷＨＯは中国の共犯者だと言うことができ、コロナ禍は、国際機関・国連の終わりの始まりである

中国は２０２０年４月初旬に武漢市の封鎖を解いたが、これは感染を完全に抑えることは諦め、世界の関心を中国からそらすという点に重点を置くことに戦略転換したことを示すものだった。その後、メディアは新型コロナウイルス感染に苦しむヨーロッパとアメリカの惨状に関する報道ばかりになっていく。

そうした中国の戦略のお先棒を担いだのがＷＨＯだった。テドロス事務局長は２０２０年６月のオンライン国際会議での発言をはじめ、ことあるごとに国際社会の連帯を呼びかけ、新型コロナウイルス問題の政治化が事態を悪化させていると主張した。同年11月の米大統領選開票後には、バイデンが勝利を訴えるのに対してツイッターで祝辞を贈り、「新

型コロナウイルス危機は世界的な連帯の重要性を示している」とした。

　今回の危機であらためて明らかになったのは、第二次大戦を機に次々に設立されていった国際機関は国際協調を推進する機関ではなく、グローバル化を目指す勢力の利害が絡んでいる組織であり、それゆえ国家の存亡の危機に際しては、自国は自国で守る以外にないという常識の再認識だった。トランプ大統領の言う「自国ファースト」である。

　本書でもたびたび触れているユダヤ人グローバリストの第一人者ブレジンスキーは、国連はグローバル化推進機関であると明言していた。

国連の正体

　ＷＨＯは１９４８年に設立された国際連合の専門機関です。ＩＭＦ（国際通貨基金）やＵＮＥＳＣＯ（国際連合教育科学文化機関）など、現在15の機関が国際連合と連携協定を結んでＷＨＯと同じく専門機関となっています。ＷＨＯは比較的早い段階、国際連合が設立されたのとほぼ同時期に組織されました。

国際連合は第二次世界大戦が終わった１９４５年の10月24日に発足したのですが、この「国際連合」という日本での呼称はたいへん問題があります。略して国連ですが、英語での正式表記は「United Nations」。これは「連合国」という意味であり、大戦の戦勝各国という意味です。つまり、United Nationsとは戦勝国による戦後秩序の維持組織であり、利害調整組織です。敗戦国である日本は、形式的には国連憲章上依然として連合国の敵国と見なされており、１９９５年に国連総会で無効が決議されたものの、国連憲章の敵国条項は残ったままになっています。ということは、たとえば連合国の一員である中国が敵国条項を適用して日本に軍事行動を起こすことは、現実性はともかく理論上は可能なのです。

多くの日本人はUnited Nationsを、何か国際平和を守り世界各国が助け合う正義の組織のように思っていますが、それは誤った認識です。さらに言えば、United Nationsをそのようなニュアンスのある「国際連合」と訳したのは、組織の実態を隠すための、当時の外務省による意図的な誤訳です。

注意しなければいけないのは、近年、中国共産党が世界の覇権を手にするために国連を積極的に利用し始めていることでしょう。ＷＨＯと同じく国連の専門機関であるＩＣＡＯ（国際民間航空機関）では決裁権を握って台湾の参加を阻んでいます。国連人権理事会では、中国の代表が日本などの人権状況にいちゃもんをつける一方、自国の人権侵害の審査を拒んでいます。

国連経済社会局の局長を沙祖康（Sha Zukang）という中国人が務め、立場を利用してウイグル民族弾圧に抗議する人々や組織の活動に圧力をかけていました。２０１５年には国連の国際電気通信連合の事務総長が趙厚麟（Zhao Houlin）という中国人になりました。これによって国連は、中国の「デジタル一帯一路プロジェクト」を支持する側に回りました。世界のハイテクを牛耳ろうとする中国を国連が支援しているわけです。

ＷＨＯもまた、中国の支配下にあると考えていいでしょう。２０２０年4月、トランプ大統領がＷＨＯへの資金拠出停止を表明すると、中国はただちに、パンデミック対策と称して資金拠出を３０００万ドル（約32億円）上乗せすると発表しました。ＷＨＯと中国はそういう関係なのです。

ノーベル賞医学者による人工ウイルス説

ＷＨＯの現在の事務局長テドロス・アダノムは、エチオピアの政治家でありマラリア学者です。2017年の総会で選出されて8代目の事務局長に就任しました。

2020年の1月から2月にかけて、トランプ政権下のアメリカを皮切りに、中国から渡航する人の入国を禁止する国が相次ぎました。それに対してテドロス事務局長は「渡航や貿易を不用意に妨げる必要はどこにもない。証拠に基づいた決定をするようすべての国に求める」として、中国人の入国禁止措置を批判しました。

テドロス事務局長の声明に従ったものかどうかはわかりませんが、日本は2月になっても中国人の入国を制限しませんでした。旅行者としてどんどん来てくださいといった姿勢でおり、指定場所での2週間待機と公共交通機関の不使用を要請したのは3月に入ってからのことです。それは要請に過ぎず、ましてや入国禁止ではありません。

2021年1月14日にWHOの調査チームが中国・武漢市に入って新型コロナウイルスの発生源を調べはじめました。2月12日付の産経新聞は、《国際調査団の一員でオーストラリア人研究者のドワイヤー氏が、12日までに豪テレビ局「9ニュース」の取材に応じ、「新型コロナは中国から始まったと思う」と指摘した。輸入冷凍食品を通じたウイルス流入の可能性も含めて調査する方針を示した国際調査団の見解に異論を投げかけた発言とみられている》と報道しました。最終的な調査報告でどれほどのことが出てくるかわかりませんが、武漢のウイルス研究所から新型コロナウイルスが漏れ出たということがはっきりすれば、世界的規模で損害賠償が起こるだけではなく、刑事責任の追及までいく可能性があるでしょう。

２０２０年4月、フランスの医療系ウェブサイトのインタビューで、エイズウイルスを発見したことで２００８年にノーベル生理学・医学賞を受賞したリュック・モンタニエ教授が「新型コロナウイルスは武漢の研究所で人工的につくられたものだろう」と発言して話題になりました。モンタニエ教授は、おそらく新型コロナウイルスは事故で流出したもので、生物兵器などではなく、コロナウイルスからエイズワクチンをつくろうとしていたものだろう、と分析していたということです。（「検証：ノーベル賞受賞の仏ウイルス学者「コロナは武漢研究所の人工操作」発言をどうみるべきか」今井佐緒里『Yahoo Japan News』２０２０年4月22日）

私は専門家ではなく、また、いまだはっきりしたことはわかっていませんが、果たして中国にエイズワクチンを作る必然性があったのかと疑問を持たざるを得ません。とすれば、何らかの生物兵器をつくる一環としてつくられたものである可能性は否定できないと考えられます。

　また、新型コロナウイルスが生物兵器そのものだったという説についても、そういった類の証拠はなかなか出てくるものではないでしょうが、中国当局が当初発生そのものを隠蔽したことや、迅速に武漢市を封鎖した事実が、単なるウイルスではなかったことを証明して余りあるでしょう。

　生物兵器の研究から出たものだとすれば、同時並行的にワクチンも開発されていなければなりません。そうでなければ、あまりにも危険で生物兵器として使えないことは軍事専門家であれば簡単にわかる、また、専門家でなくても容易に想像のつくことです。

　武漢のウイルス研究所は、ウイルスの集積する場所です。生物兵器なのかそうでないのかはともかく、何らかの人工的なウイルスを培養していたところに事故が起こって漏れたというのが、一番信憑性の高い考え方だろうと思います。

　人工的なウイルスでなければ、欧米でのきわめて異常な、強い広がり方は説明できないでしょう。日本をはじめ、東南アジアでは比較して軽度である説明もつきにくいでしょう。

　素人にも、自然発生のウイルスとは違う展開をしているのではないかという想像がつきます。遺伝子操作など、人工的につくられたものであるという説がやはり説得力を持ちます。

中国共産党の隠蔽工作

新型コロナウイルスの拡散が、事故であれ、意図的なものであれ、その事実が明かされれば、最も困るのは中国共産党です。2020年は、中国共産党によって、そういった反中国的な動きを抑えるための様々な工作が行われた年だったと言うことができるでしょう。日本政府は2021年1月13日、同年2月7日までの期限付きで、全世界からの入国を停止しました。それでも、「特段の事情を除く」という抜け穴付きでした。「特段の事情」には正確な定義がありませんから、入国審査に当たる官僚のさじ加減でどうにでも解釈できるわけです。当然、官僚に圧力を加える政治家がいることは言うまでもありません。政府は特段の事情による入国者の詳細の説明を拒んでいます。

日本政府は、2020年11月1日に、3月にかけた制限を大きく緩和していました。それが影響したものかどうかは明らかにされていませんが第三波の到来と、変種ウイルスの感染防止からとった措置が全世界からの入国停止ですが、年間を通して、中国人に対する入国制限は緩いものでした。

何らかの働きかけ、いわゆる圧力が日本の政府あるいは有力政治家にかかっているのだろうと思います。メディアにも当然かかっています。感染発覚者数を毎日報道していますが、取材すれば明らかであろうはずの外国人の感染者数は報じません。見え見えの、たいへんわかりやすい「報道しない自由」の実例です。

今後、新型コロナウイルス騒動が一段落したら、原因と責任の追及に移っていくでしょう。中国共産党は、戦々恐々としているはずです。チャイナマネーではもはやごまかせないところまでいくのではないでしょうか。

崩れ去った国際機関への信頼

問題はＷＨＯの態度です。テドロス事務局長が中国共産党と組むかたちで、事実上、ウイルスを世界に蔓延させたことは、これまでの説明で明らかなことでしょう。

トランプ政権下でのアメリカでは、議会が、民主党を含めた超党派でＷＨＯに対して積極的に質問を提出していました。中国当局とのやりとりを公表せよという要求も含んでいました。テドロス事務局長においては、証拠の改ざんも隠滅も、現時点ではすでに済んでいることでしょう。

中国共産党との癒着に怒って資金拠出を停止すると表明したトランプ大統領に、ウイルスを政治利用するなといった内容で喧嘩を売り続けたところを見れば、テドロス事務局長は中国共産党のエージェントであるか、中国に弱みを握られていることがよくわかります。加盟国に対し公平でなければならない国際機関の長としてありえないことです。

アメリカはＷＨＯへの最大の資金拠出国です。国際機関の長というのは加盟国の、とりわけ主要加盟国の信頼を失えばその地位にとどまることはできません。おそらく事務局長を降りたあとの仕事、また生活も中国に保証されているのでしょう。そういうことでもない限り、アメリカに喧嘩を売ることなどできるはずがありません。

ＷＨＯは中国共産党の共犯者であると断言していいだろうと私は思います。

同時に、今回の武漢肺炎騒動で明らかになったのは、結局、自国民を守ってくれるのは自国の政府しかないということです。私たちはそれにあらためて気づかされました。国際機関は、言葉は雄弁でも、具体的な救助行動を起こしてくれませんでした。また、有事の際には他国の好意を期待できないという当たりまえのこともわかりました。

多くの日本人には国連崇拝というものが根深くあります。しかし、今回のコロナ騒動を経験して、国連は信用できない、メディアは無責任にも恐怖を煽る報道しかしない、と強く感じることになりました。

国際平和主義というお花畑理論

テドロス事務局長は、「新型コロナウイルスのような危機は世界的な連帯の重要性を示している」、「新型コロナウイルスを封じ込めるうえでは国際社会が連帯を欠くことが最大の脅威になる」、「パンデミックを収束させるためには、世界全体での取り組みが必要だ」といった発言を繰り返しています。

つまり、自国だけのことを考えていては駄目だということです。能天気に、よくそんなことが言えるものだと思います。まずは自国の国民を救うことが大事であるのは当たり前のことです。ところが、日本のメディアもまた、テドロス事務局長の世界連帯を求める発言に同調するようなことを言い続けています。

自国第一主義でなければウイルス禍を克服することはできません。国際平和主義などというものを信じるお花畑の頭は、何の役にも立ちませんし、何の解決にもなりません。

世界は連帯すべきである、調和のとれたグローバルな対応をすべきである、各国独自の対応では人類を救うことができない、などといった綺麗事に耳を貸す国はなかったでしょう。

アメリカやヨーロッパでは、自国のことで精いっぱいで、実際に医療崩壊が起きつつあります。自国のことだけを考えずに途上国も助けろ、他の国のことも考えろ、などと言われたら、彼らは怒るでしょう。

国際連帯主義とか国際平和主義は、幻想主義とでも呼ぶべきものです。世界は仲良くしましょう、困った時は世界のみんなで助け合いましょうという小学生の作文レベルの話です。

頼れるのは自国の政府以外にありません。したがって、そういう国民の負託に応えられるだけのことを政府はやってくれているのか、という統治の基本が問われているともいえるのです。

国際協調主義は国際干渉主義

今回のコロナ危機の問題の一つは、国連の終わりの始まり、ということです。いよいよ国連の無力さがはっきりとしてきました。無力であるだけならまだいいのですが、WHOに見られるように害さえあるのです。

彼らは国際協調、また国際協力の重要性を主張します。しかし、国際協調あるいは国際協力というのは、戦後アメリカのディープステートが推進してきた国際干渉主義をカモフラージュする用語でした。国連はグローバル化推進機関であるというブレジンスキーの宣言はそういう意味です。

そうしたことがはっきりと見えてきたのが今回のコロナ危機です。自国第一主義の世界秩序へ転換する契機となるならば、そこに神様の意図というものさえ感じます。

すでに述べた通り、世界は三つ巴の戦争状態に入っています。今はウイルスをめぐって新しい国際秩序を目指した戦争が起きていると言えるのだろうと思います。

今回の騒動を利用して、中国共産党は世界の覇権を握ろうとしています。

ディープステートは騒動を利用して、世界を同時不況に陥れようとしています。第二次大戦に至る歴史を見ればわかる通り、実際の戦争へと向かうのです。

ブレジンスキーは、オバマ政権のブレーンとして政界に影響を及ぼし続けながら、当時、「アメリカの指導力で、平和的な手段によって世界のグローバル市場化が実現できなければ、もう後はない」という趣旨の発言をしていました。

平和的手段によるグローバル化は達成できない。つまり、もう戦争しかない、ということです。ウイルス危機はディープステートが起こしたものだというわけではありませんが、この事態を世界統一のための手段として活用しようという戦略が見えてくるのです。

したがってディープステートはメディアや医療専門家を通じて、外出制限つまり経済活動の縮小を推進しているのです。世界同時不況を呼び込むためです。ニューヨーク・ウォール街の証券取引市場の暴落によって起こった世界恐慌の再来です。倒産した多くの企業は金融資本家たちに二束三文で買われました。倒産は日本でもすでに起こっています。多くの老舗（しにせ）企業が倒産して、主として中国、韓国や欧米の資本に買い叩かれる段階になりつつあります。

そして、そうしたディープ・ステートや中国に対抗するのが、トランプ政権が示した自国中心主義による世界の新しい秩序です。アメリカ・ファースト、日本・ファースト、ロシア・ファースト、各国が主権国家として、自国民の福利厚生を何よりも重視して国家の繁栄を図る、そういう主権国家が国際社会を構成している世界秩序です。

日本人の秩序、日本人の生き方

中国の覇権か、ディープステートのグローバル世界の実現か、自国第一主義の新しい世界秩序か。日本はどれに乗るべきでしょうか。

政府はまだ右往左往している状態だと思います。むしろ、現在この3つの勢力が戦っている、三つ巴の戦いの中にいるという認識すらまだないのではないかという気がします。

答えは明らかです。トランプ政権が敷いた愛国主義戦略に乗らなければいけません。

しかし、現状はどうでしょうか。中国に乗ろうという人が自民党の中に多数います。経済界も目線は中国です。

言論界も自国第一主義とは対極にいます。自国第一主義を孤立主義だと歪曲して、ディープステートの国際協調主義による世界体制を理想のように喧伝しながら、進行中の中国の日本浸透工作にはだんまりを決め込む矛盾した報道を続けています。

政治家も経済界もメディアも今後の秩序の正しい読み方ができていません。彼らがこぞって批判する自国第一主義の新しい世界秩序が、日本が目指すべき道です。

なぜなら、自国第一主義の新しい世界秩序こそ、日本が神代の昔から主張してきた世界秩序でもあるからです。

八紘一宇（はっこういちう）という言葉があります。

日本書紀の中で、初代神武天皇が即位にあたって発した勅に出てくる建国の理念として八紘一宇は登場します。

「八紘を掩ひて宇にせむこと亦可からずや」

八紘は「あめのした」と読み下します。天下のことです。掩ひて、は「おおいて」。覆うことです。宇は「いえ」です。天下を家のように仲良くさせるという意味です。「調和」と言ってもいいでしょう。

「八紘一宇」という言葉はかつて、日本を占領したＧＨＱによって使用禁止になりました。世界侵略を正当化する危険思想とみなされたからですが、実際の意味はまったく逆です。

高天原（たかまがはら）で八百万（やおよろず）の神々は、みな違う役割を持ち、その役割に干渉することなく調和を保っていました。それと同じように、世界においても、各国がそれぞれの個性を発揮して役割を果たせば世界の調和はとれます。これこそ、自国第一主義の思想です。

各々の国が各々の文化で花を咲かせる、各々の国が主権国家として地球上に共存する、そういう世界を目指そうということです。２０１９年に元号「令和」が発表された時、安倍首相は記者会見で、「春の訪れを告げ、見事に咲き誇る梅の花のように一人ひとりが明日への希望とともに、それぞれの花を大きく咲かせることができる、そうした日本でありたいとの願いを込め、決定した」と述べ、「人々が美しく心を寄せあうなかで文化が生まれ育つという意味が込められている」と説明しました。

日本がとるべき選択は、はっきりしています。来るべきこの世界こそ、日本が何千年にわたって営々として築いてきた秩序であり、日本人の生き方です。

男尊女卑の発想などない日本

2021年2月、元総理の森喜朗氏が、8年にわたって務めていた東京五輪・パラリンピック組織委員会会長を辞任するという出来事がありました。同月3日に開かれた同会臨時評議員会での、女性がたくさん入っている理事会は時間がかかるという一部の発言が新聞各紙などのマスコミで女性蔑視だとして報道され、その影響を受けての辞任でした。

森氏の発言に女性蔑視の意図があったとは思えません。評議会の様子について実直に感想を述べているだけで、どちらかといえばマスコミそして反体制の勢力に言葉尻をつかまえられ、批判の的にされてしまったという感じです。言葉の切り貼りを行い、ポリティカル・コレクトネスを利用して世論を支配しようとする洗脳メディアの悪しき例の一つだと言えるでしょう。メディアに出演して森氏をバッシングして悦に入っている方々も、そのような言動は結局自らの品性を貶める結果となることに、気づいて欲しいと思います。

古来、日本には女性を尊ぶ文化こそあれ、女性を蔑視する文化はありません。日本という国は、天皇は国民を男女に関係なく大御宝として慈しみ、国民は天皇を敬愛するという、君民一体の関係で互いに支え合って運営され、長い歴史を紡いできた国です。天皇は高天原の神々と直結しています。そして、高天原の主宰神こそ、女性の神様である天照大神です。私たち日本人にとって現代という時代は、そうした天皇と神々に対する信仰があってこそ成立するものです。

今のこの時期、普段よりも増えた時間の中に過ごされている方が多いかもしれません。ぜひ、世界のこと、日本のこと、そして何よりもひとつ屋根の下、皆様方自身のご家族のことを考えていただきたいと思います。家族こそ外部からの洗脳に対する最大の防波堤ですから。

本書籍は、インターネット番組、馬渕睦夫「ひとりがたり」（製作：未来ネット）を元に、構成いたしました。
番組は毎月、YouTubeの未来ネットにて配信しております。
ぜひご覧いただけますと幸いです。
生放送（生配信）も行っております。馬渕大使の心のこもった“言霊”をお受け取りくださいませ。

未来ネット（代表取締役 浜田マキ子）
YouTube　https://www.youtube.com/c/mirainet/
公式サイト　https://mirainet.me/

著者略歴

馬渕睦夫（まぶち・むつお）

元駐ウクライナ兼モルドバ大使、元防衛大学校教授、元吉備国際大学客員教授。1946年京都府生まれ。京都大学法学部3年在学中に外務公務員採用上級試験に合格し、1968年外務省入省。1971年研修先のイギリス・ケンブリッジ大学経済学部卒業。2000年駐キューバ大使、2005年駐ウクライナ兼モルドバ大使を経て、2008年11月外務省退官。同年防衛大学校教授に就任し、2011年3月定年退職。2014年4月より2018年3月まで吉備国際大学客員教授。著書に、『国難の正体』（総和社/新装版ビジネス社）、『知ってはいけない現代史の正体』（小社）、『世界を破壊するものたちの正体 日本の覚醒が「グレート・リセット」の脅威に打ち勝つ』（徳間書店/高山正之氏との共著）、『天皇を戴くこの国のあり方を問う新国体論 精神再武装のすすめ』（ビジネス社）、『国際ニュースの読み方 コロナ危機後の「未来」がわかる!』（マガジンハウス）、『馬渕睦夫が読み解く 2021年世界の真実』（ワック）など多数。

SB新書 542

日本人が知らない世界の黒幕

メディアが報じない真実

2021年 5月15日 初版第1刷発行
2022年 4月21日 初版第5刷発行

著　者　馬渕睦夫

発行者　小川 淳

発行所　SBクリエイティブ株式会社
〒106-0032 東京都港区六本木2-4-5
電話：03-5549-1201（営業部）

装　幀　長坂勇司（nagasaka design）

本文デザイン・DTP　荒木香樹

編集協力　尾崎克之

印刷・製本　大日本印刷株式会社

本書をお読みになったご意見・ご感想を下記URL、
または左記QRコードよりお寄せください。

https://isbn2.sbcr.jp/09948/

ISBN 978-4-8156-0994-8